한글 바르게 쓰기

한글
바르게 쓰기

초판 1쇄 발행 | 2014년 05월 05일
초판 18쇄 발행 | 2025년 04월 30일

엮은이 | 편집부

발행인 | 김선희 · 대 표 | 김종대
펴낸곳 | 도서출판 매월당
책임편집 | 박옥훈 · 디자인 | 윤정선 · 마케터 | 양진철 · 김용준

등록번호 | 388-2006-000018호
등록일 | 2005년 4월 7일
주소 | 경기도 부천시 소사구 중동로 71번길 39, 109동 1601호
　　　(송내동, 뉴서울아파트)
전화 | 032-666-1130 · 팩스 | 032-215-1130

ISBN 978-89-98702-15-1 (13710)

· 잘못된 책은 바꿔드립니다.
· 책값은 뒤표지에 있습니다.

이 도서의 국립중앙도서관 출판시도서목록(CIP)은 서지정보유통지원시스템 홈페이지
(http://seoji.nl.go.kr)와 국가자료공동목록시스템(http://www.nl.go.kr/kolisnet)에서
이용하실 수 있습니다.(CIP제어번호 : CIP2014013015)

한글 쓰기 기초 튼튼
바른 글씨 연습

한글 바르게 쓰기

악필 교정

편집부 엮음

매월당
MAEWOLDANG

머리말

사람은 누구나 바르고 예쁜 글씨 쓰기를 소망한다. 그러나 처음부터 자신의 마음에 드는 예쁜 글씨체가 저절로 습득되는 것은 아니다. 우리가 맨 처음 한글을 배우고 익힐 때부터 꾸준히 갈고닦은 결과로 바르고 예쁜 글씨체를 얻을 수 있는 것이다.

옛날 당나라 때 관리를 등용하는 기준에서 유래되어, 그 후 오래도록 사람됨을 판단하는 기준이 된 신身, 언言, 서書, 판判이란 말을 들어본 적이 있을 것이다. 그중 세 번째에 해당되는 서書는 글씨, 곧 필적을 가리키는 말로써 곧고 아름다운 글씨체를 일컫는다. 다시 말하면 글씨는 그 사람의 됨됨이를 말해 주는 것이라 하여 매우 중요하게 여겼다. 그래서 인물을 평가하는데 글씨는 매우 큰 비중을 차지하였고, 글씨에 능하지 못한 사람은 평가도 제대로 받지 못했다.

오늘날에는 다양한 스마트 기기의 보급으로 직접 쓰는 글씨를 멀리하는 경우가 많아졌다. 그러나 아무리 시대가 바뀌어 많은 걸 기계로 대신할 수 있다고 하더라도 우리가 말과 글을 떠나 이 세상을 살아갈 수 없는 것처럼 평생 손으로 글씨를 쓰지 않고 살아갈 수는 없다.

특히 요즘 학생들이 쓴 글씨 중에는 도대체 무슨 글자인지 알아볼 수 없는 경우가 허다하고, 글씨를 쓰는 게 아니라 그리는 수준인 경우도 많다. 그러다 보니 자신의 글씨체를 교정하고자 하는 이들도 점점 늘어가고 있는 실정이다. 앞에서도 말했듯이 글씨를 바르고 예쁘게 쓴다는 것은 짧은 시일의 연습만으로 이루어지지는 않는다. 하루에 적어도 20~30분 정도의 시간을 투자하여 꾸준히, 성실하게 반복 연습이 뒷받침되어야 한다.

끝으로 이 책은 글씨를 바르고 예쁘게 쓰고자 하는 사람들이 가장 효과적으로 글씨를 연습할 수 있도록 만들었으며, 이 책을 다 마쳤을 때에는 열심히 노력한 사람들만이 맛볼 수 있는 뿌듯함도 선사할 것이다.

차 례

머리말 ———————————————————— 004
일러두기 ——————————————————— 006

모음 바르게 쓰기 ————————————————— 008
자음 바르게 쓰기 ————————————————— 010
기본 정자 바르게 쓰기 ——————————————— 013
단어 바르게 쓰기 ————————————————— 055
한국의 명시 따라 쓰기 ——————————————— 060
명언 따라 쓰기 —————————————————— 084
속담 따라 쓰기 —————————————————— 096

부 록 ———————————————————— 185

일러두기

1. 쓰기의 목적

글 쓰는 사람의 생각이나 느낌을 글로 정확하게 표현하는 일로, 붓이나 펜, 연필과 같이 선을 그을 수 있는 도구로 종이 따위에 획을 그어서 일정한 글자의 모양을 이룰 수 있는 능력을 갖추게 하는데 그 목적이 있다.

원서나 계약서 등과 같은 서류를 작성하거나 일정한 양식을 갖춘 글을 쓸 때는 누구나 정확하게 알아볼 수 있도록 글씨가 아름다우며 쉽고 실용적으로 써야 한다.

2. 쓰기의 바른 자세

글씨를 단정하게 쓰려면 먼저 마음의 긴장을 풀고 몸가짐을 바르게 하여 다음과 같이 바른 자세를 취한다.

먼저 어깨의 힘을 **빼고** 등이 구부러지지 않은 곧은 자세로 상체를 세운다. 머리는 약간 앞으로 숙여서 눈과 종이와의 거리를 30센티미터 정도 유지한다. 왼손은 자연스럽게 펴서 종이 왼쪽 위에 가볍게 올려놓고 오른손 손목 부분이 종이에 가볍게 닿게 하여 부드럽게 쓴다.

3. 펜 잡는 법

글씨를 쓸 펜은 엄지손가락과 집게손가락으로 잡고 가운뎃손가락은 안쪽을 받치며 쓰는데, 이때 종이의 면과 펜의 기울기는 45~60도 정도를 유지하여 너무 힘을 주지 말고 가볍게 손목을 움직이는 것이 가장 좋은 자세이다.

4. 한글 쓰기의 특성

한글은 글자의 짜임새가 한자漢字와는 다르기 때문에 글씨를 쓰는 요령도 약간씩 다르다. 한글의 글씨는 궁체宮體에 근원을 두고 있는데, 그 선이 한자보다 부드럽고 자연스러우며, 특히 모음의 세로획은 기필起筆(붓을 들고 쓰기 시작함)이나 수필收筆(서예에서 획을 마무리하는 일)이 독특하다. 또 이 획이 글자의 주된 획의 역할을 하기 때문에 주의해야 한다.

한글의 모든 획의 기필은 대체로 한자의 획보다 모나지 않고 부드럽게 써야 하며, 주획이 되는 세로획의 수필은 머물러 두지 말고 가늘게 내리긋듯 쓰되, 일부러 끝을 구부리지 말고 자연스럽게 아래로 내리긋듯이 써야 한다.

모음 바르게 쓰기

ㅏ	ㅑ	ㅓ	ㅕ	ㅗ	ㅛ	ㅜ	ㅠ	ㅡ	ㅣ
ㅏ	ㅑ	ㅓ	ㅕ	ㅗ	ㅛ	ㅜ	ㅠ	ㅡ	ㅣ

vowel

ㅐ	ㅔ	ㅒ	ㅖ	ㅚ	ㅟ	ㅘ	ㅙ	ㅝ	ㅢ
ㅐ	ㅔ	ㅒ	ㅖ	ㅚ	ㅟ	ㅘ	ㅙ	ㅝ	ㅢ

자음 바르게 쓰기

자음	모음	예							
ㄱ	ㅏㅑ ㅓㅕ	ㄱ							
ㄱ	ㅗㅛ 받침	ㄱ							
ㄴ	ㅏㅑㅣ	ㄴ							
ㄴ	ㅗㅛ ㅜㅠㅡ	ㄴ							
ㄷ	ㅏㅑㅣ	ㄷ							
ㄷ	ㅗㅛ ㅜㅠ	ㄷ							
ㄹ	ㅏㅑㅣ	ㄹ							
ㄹ	ㅗㅛ ㅜㅠ	ㄹ							
ㅁ	전체	ㅁ							
ㅂ	전체	ㅂ							
ㅅ	ㅏㅑㅣ	ㅅ							
ㅅ	ㅓㅕ	ㅅ							
ㅇ	전체	ㅇ							
ㅈ	ㅏㅑㅣ	ㅈ							

ㅈ	ㅓㅕ	ㅈ							
ㅊ	ㅏㅑㅣ	ㅊ							
ㅊ	ㅓㅕ	ㅊ							
ㅋ	ㅏㅑㅣ ㅓㅕ	ㅋ							
ㅋ	ㅗㅛ ㅜㅠ	ㅋ							
ㅌ	ㅏㅑㅣ	ㅌ							
ㅌ	ㅗㅛ ㅜㅠ	ㅌ							
ㅍ	ㅏㅑㅣ	ㅍ							
ㅍ	ㅗㅛ ㅜㅠ	ㅍ							
ㅎ	전체	ㅎ							
ㄲ	ㅏㅑ ㅓㅕ	ㄲ							
ㄲ	ㅗㅛ ㅜㅠ	ㄲ							
ㄸ	ㅏㅑ ㅓㅕ	ㄸ							
ㄸ	ㅗㅛ ㅜㅠ	ㄸ							

ㅃ	ㅏㅑㅓㅕㅣ	ㅃ							
ㅆ	ㅏㅑㅓㅕㅣ	ㅆ							
ㅉ	ㅏㅑㅓㅕㅣ	ㅉ							
ㄳ	넋 삯	ㄳ							
ㄵ	앉 얹	ㄵ							
ㄶ	않 끊	ㄶ							
ㄺ	낡 닭 밝	ㄺ							
ㄻ	닮 삶 젊	ㄻ							
ㄼ	넓 밟	ㄼ							
ㄾ	핥 훑	ㄾ							
ㄿ	읊	ㄿ							
ㅀ	곯 끓 뚫	ㅀ							
ㅄ	값 없	ㅄ							

기본 정자 바르게 쓰기

가
거
겨
개
게
계
기
그
고
교
과
구
규
궈

기본 정자 바르게 쓰기

궤	궤								
나	나								
너	너								
녀	녀								
내	내								
네	네								
니	니								
느	느								
노	노								
뇌	뇌								
뇨	뇨								
놔	놔								
누	누								
뉴	뉴								

뉴	뉴								
다	다								
더	더								
대	대								
데	데								
되	되								
돼	돼								
디	디								
드	드								
도	도								
두	두								
듀	듀								
둬	둬								
뒈	뒈								

기본 정자 바르게 쓰기

라	라						
러	러						
려	려						
래	래						
레	레						
례	례						
리	리						
르	르						
로	로						
뢰	뢰						
료	료						
루	루						
류	류						
뤄	뤄						

block letters

마	마								
머	머								
며	며								
매	매								
메	메								
미	미								
므	므								
모	모								
뫼	뫼								
묘	묘								
무	무								
뮤	뮤								
뮈	뮈								
뭐	뭐								

기본 정자 바르게 쓰기

뭐	뭐								
바	바								
버	버								
벼	벼								
배	배								
베	베								
비	비								
브	브								
보	보								
뵈	뵈								
봐	봐								
부	부								
뷰	뷰								
뷔	뷔								

사	사									
서	서									
셔	셔									
새	새									
세	세									
시	시									
스	스									
소	소									
쇠	쇠									
쇼	쇼									
솨	솨									
쇄	쇄									
수	수									
슈	슈									

기본 정자 바르게 쓰기

쉬	쉬								
아	아								
야	야								
어	어								
여	여								
애	애								
에	에								
예	예								
이	이								
으	으								
오	오								
요	요								
왜	왜								
우	우								

유	유								
워	워								
의	의								
자	자								
저	저								
져	져								
재	재								
제	제								
지	지								
즈	즈								
조	조								
죄	죄								
좌	좌								
죠	죠								

기본 정자 바르게 쓰기

주	주							
쥬	쥬							
쥐	쥐							
줘	줘							
차	차							
처	처							
쳐	쳐							
채	채							
체	체							
치	치							
츠	츠							
초	초							
최	최							
추	추							

block letters

취	취							
쳐	쳐							
카	카							
커	커							
켜	켜							
캐	캐							
케	케							
키	키							
크	크							
코	코							
쿄	쿄							
콰	콰							
쾌	쾌							
쿠	쿠							

기본 정자 바르게 쓰기

큐	큐								
쿼	쿼								
퀘	퀘								
퀴	퀴								
타	타								
터	터								
텨	텨								
태	태								
테	테								
티	티								
트	트								
토	토								
투	투								
튜	튜								

튀	튀							
퉤	퉤							
튀	튀							
파	파							
퍼	퍼							
펴	펴							
패	패							
페	페							
폐	폐							
피	피							
프	프							
포	포							
표	표							
푸	푸							

기본 정자 바르게 쓰기

퓨	퓨								
하	하								
허	허								
혀	혀								
해	해								
헤	헤								
혜	혜								
히	히								
흐	흐								
호	호								
효	효								
화	화								
후	후								
휴	휴								

훠	훠								
훼	훼								
까	까								
꺼	꺼								
껴	껴								
깨	깨								
께	께								
끼	끼								
끄	끄								
꼬	꼬								
꾀	꾀								
꽈	꽈								
꾸	꾸								
꿔	꿔								

기본 정자 바르게 쓰기

꿔	꿔							
따	따							
떠	떠							
때	때							
떼	떼							
띠	띠							
뜨	뜨							
또	또							
똬	똬							
뚜	뚜							
뛰	뛰							
빠	빠							
뻐	뻐							
뼈	뼈							

빼	빼								
삐	삐								
쁘	쁘								
뽀	뽀								
뿌	뿌								
싸	싸								
써	써								
씨	씨								
쓰	쓰								
쏘	쏘								
쑤	쑤								
씌	씌								
각	각								
견	견								

기본 정자 바르게 쓰기

감	감							
갑	갑							
갱	갱							
갈	갈							
갚	갚							
곡	곡							
곤	곤							
골	골							
곧	곧							
곰	곰							
곱	곱							
곳	곳							
공	공							
국	국							

균	균							
글	글							
굿	굿							
굽	굽							
낙	낙							
난	난							
날	날							
남	남							
납	납							
낫	낫							
낭	낭							
낮	낮							
낯	낯							
낱	낱							

기본 정자 바르게 쓰기

낭	낭								
년	년								
녹	녹								
놀	놀								
놈	놈								
놉	놉								
놋	놋								
농	농								
뇨	뇨								
놓	놓								
냄	냄								
눅	눅								
눈	눈								
눌	눌								

block letters

늡	늡								
늪	늪								
늣	늣								
능	능								
닥	닥								
단	단								
닫	닫								
달	달								
댐	댐								
답	답								
닷	닷								
당	당								
닻	닻								
닿	닿								

기본 정자 바르게 쓰기

댓	댓							
뎡	뎡							
독	독							
돈	돈							
돈	돈							
돌	돌							
돔	돔							
돕	돕							
돗	돗							
동	동							
둑	둑							
둔	둔							
둘	둘							
둠	둠							

둡	둡								
둣	둣								
둥	둥								
락	락								
랄	랄								
럼	럼								
련	련								
렴	렴								
랩	랩								
렷	렷								
랭	랭								
록	록								
론	론								
롤	롤								

기본 정자 바르게 쓰기

롬	롬						
롭	롭						
롯	롯						
룡	룡						
룩	룩						
륜	륜						
률	률						
름	름						
릇	릇						
릉	릉						
막	막						
만	만						
말	말						
맘	맘						

맙	맙									
맛	맛									
망	망									
맞	맞									
맡	맡									
면	면									
맬	맬									
멋	멋									
명	명									
몇	몇									
목	목									
몬	몬									
몰	몰									
몸	몸									

기본 정자 바르게 쓰기

몹	몹								
못	못								
몽	몽								
묵	묵								
문	문								
물	물								
물	물								
뭄	뭄								
뭉	뭉								
박	박								
반	반								
받	받								
발	발								
밤	밤								

| 밥 |
| 밧 |
| 방 |
| 변 |
| 뱉 |
| 벗 |
| 병 |
| 밭 |
| 분 |
| 불 |
| 붐 |
| 붓 |
| 붕 |
| 블 |

기본 정자 바르게 쓰기

삭	삭								
산	산								
살	살								
삼	삼								
삽	삽								
삿	삿								
생	생								
샐	샐								
쉼	쉼								
쉽	쉽								
석	석								
선	선								
설	설								
섬	섬								

섭	섭								
성	성								
숙	숙								
순	순								
술	술								
슘	슘								
숫	숫								
승	승								
숯	숯								
숲	숲								
악	악								
안	안								
알	알								
암	암								

기본 정자 바르게 쓰기

압	압									
앗	앗									
앙	앙									
앞	앞									
역	역									
연	연									
열	열									
염	염									
엽	엽									
엿	엿									
영	영									
옆	옆									
엘	엘									
얌	얌									

앱	앱								
웡	웡								
얄	얄								
욱	욱								
운	운								
울	울								
음	음								
읍	읍								
웃	웃								
웅	웅								
윤	윤								
율	율								
윷	윷								
작	작								

기본 정자 바르게 쓰기

잔	잔							
잘	잘							
잠	잠							
잡	잡							
잣	잣							
장	장							
잦	잦							
적	적							
전	전							
젓	젓							
젤	젤							
잽	잽							
죽	죽							
준	준							

줄	줄								
즘	즘								
즙	즙								
줏	줏								
중	중								
착	착								
찬	찬								
찰	찰								
참	참								
찹	찹								
찻	찻								
창	창								
찾	찾								
척	척								

기본 정자 바르게 쓰기

천	천								
철	철								
첨	첨								
첩	첩								
첫	첫								
청	청								
쳇	쳇								
촉	촉								
촌	촌								
촐	촐								
촘	촘								
촛	촛								
총	총								
축	축								

춘	춘								
출	출								
춤	춤								
춥	춥								
츳	츳								
충	충								
칵	칵								
칸	칸								
칼	칼								
캄	캄								
캅	캅								
캉	캉								
컥	컥								
컨	컨								

기본 정자 바르게 쓰기

컬	컬									
컴	컴									
컵	컵									
컷	컷									
청	청									
캠	캠									
캡	캡									
캥	캥									
켕	켕									
콕	콕									
콘	콘									
콜	콜									
콤	콤									
콥	콥									

block letters

콧	콧								
콩	콩								
쿡	쿡								
쿤	쿤								
쿨	쿨								
쿰	쿰								
쿵	쿵								
클	클								
탁	탁								
탄	탄								
탈	탈								
탐	탐								
탑	탑								
탓	탓								

기본 정자 바르게 쓰기

탕	탕								
턱	턱								
턴	턴								
털	털								
텀	텀								
텁	텁								
텃	텃								
텅	텅								
톡	톡								
톤	톤								
톨	톨								
톰	톰								
톱	톱								
톳	톳								

통	통								
툭	툭								
툰	툰								
툴	툴								
툼	툼								
퉁	퉁								
팍	팍								
판	판								
팔	팔								
팜	팜								
팝	팝								
팟	팟								
팡	팡								
팥	팥								

block letters

기본 정자 바르게 쓰기

푹	푹							
푼	푼							
플	플							
품	품							
픕	픕							
풋	풋							
풍	풍							
프	프							
피	피							
핏	핏							
핑	핑							
학	학							
한	한							
할	할							

함	함								
합	합								
핫	핫								
항	항								
혁	혁								
현	현								
혈	혈								
혐	혐								
협	협								
헛	헛								
형	형								
핵	핵								
핸	핸								
핼	핼								

햄	햄								
햅	햅								
햇	햇								
행	행								
향	향								
혹	혹								
혼	혼								
홀	홀								
홈	홈								
홉	홉								
홋	홋								
홍	홍								
핥	핥								
흑	흑								

단어 바르게 쓰기

사	랑	예	술	지	혜	성	공	시	간
사	랑	예	술	지	혜	성	공	시	간
맑	은	하	늘	하	얀	구	름	쪽	배
맑	은	하	늘	하	얀	구	름	쪽	배

단어 바르게 쓰기

진	실	미	소	가	족	행	복	건	강
진	실	미	소	가	족	행	복	건	강

보	물	가	치	명	성	웃	음	영	광
보	물	가	치	명	성	웃	음	영	광

입	학	졸	업	당	선	결	혼	축	하
입	학	졸	업	당	선	결	혼	축	하

개	업	영	전	환	갑	수	연	고	희
개	업	영	전	환	갑	수	연	고	희

단어 바르게 쓰기

| 우 | 리 | 나 | 라 | 태 | 극 | 기 | 무 | 궁 | 화 |

| 대 | 한 | 민 | 국 | 청 | 소 | 년 | 대 | 들 | 보 |

진	정	한	우	정	젊	음	가	능	성
진	정	한	우	정	젊	음	가	능	성
최	고	의	인	생	최	대	의	노	력
최	고	의	인	생	최	대	의	노	력

한국의 명시 따라 쓰기

죽는 날까지 하늘을 우러러
한 점 부끄럼이 없기를 잎새에 이는 바람에도 나는 괴로워했다. 별을 노래하는 마음으

<서시> 윤동주

로 모든 죽어가는 것을 사랑

해야지. 그리고 나한테 주어진

길을 걸어가야겠다. 오늘 밤에

도 별이 바람에 스치운다.

한국의 명시 따라 쓰기

지금 그 사람 이름은 잊었지

만 그 눈동자 입술은 내 가

슴에 있네.

바람이 불고 비가 올 때도

<세월이 가면> 박인환

나는 저 유리창 밖 가로등

그늘의 밤을 잊지 못하지.

사랑은 가고 옛날은 남는 것

여름날의 호숫가 가을의 공원

한국의 명시 따라 쓰기

그 벤취 위에 나뭇잎은 떨어 지고, 나뭇잎은 흙이 되고 나 뭇잎에 덮여서 우리들 사랑이 사라진다 해도

<세월이 가면> 박인환

지금 그 사람 이름은 잊었지만 그 눈동자 입술은 내 가슴에 있네. 내 서늘한 가슴에 있네.

한국의 명시 따라 쓰기

| 산에는 | 꽃 | 피네 | 꽃이 | 피네 |

| 갈 | 봄 | 여름 | 없이 | 꽃이 | 피네 |

| 산에 | 산에 | 피는 | 꽃은 |

| 저만치 | 혼자서 | 피어 | 있네 |

<산유화> 김소월

산에서 우는 작은 새여

꽃이 좋아 산에서 사노라네

산에는 꽃 지네 꽃이 지네

갈 봄 여름 없이 꽃이 지네

한국의 명시 따라 쓰기

계절이 지나가는 하늘에는 가

을로 가득 차 있습니다. 나는

아무 걱정도 없이 가을 속의

별들을 다 헤일 듯합니다.

<별 헤는 밤> 윤동주

가슴 속에 하나 둘 새겨지는

별을 이제 다 못 헤는 것은

쉬이 아침이 오는 까닭이요,

내일 밤이 남은 까닭이요, 아

한국의 명시 따라 쓰기

직, 나의 청춘이 다하지 않은

까닭입니다. 별 하나에 추억과

별 하나에 사랑과 별 하나에

쓸쓸함과 별 하나에 동경과

<별 헤는 밤> 윤동주

별 하나에 시와 별 하나에

어머니, 어머니.

어머님, 나는 별 하나에 아름

다운 말 한 마디씩 불러 봅

한국의 명시 따라 쓰기

니다. 소학교 때 책상을 같이

했던 아이들의 이름과 패, 경,

옥, 이런 이국 소녀들의 이름

과, 벌써 아기 어머니 된 계

<별 헤는 밤> 윤동주

집애들의 이름과, 가난한 이웃

사람들의 이름과, 비둘기, 강아

지, 토끼, 노새, 노루, 프랑시스

잠, 라이너 마리아 릴케, 이런

한국의 명시 따라 쓰기

시인의 이름을 불러 봅니다.

이네들은 너무나 멀리 있습니

다. 별이 아슬히 멀 듯이.

어머님, 그리고 당신은 멀리

<별 헤는 밤> 윤동주

북간도에 계십니다. 나는 무엇

인지 그리워 이 많은 별빛이

내린 언덕 위에 내 이름자를

써 보고, 흙으로 덮어 버리었

한국의 명시 따라 쓰기

습니다. 딴은 밤을 새워 우는

벌레는 부끄러운 이름을 슬퍼

하는 까닭입니다.

그러나 겨울이 지나고 나의

<별 헤는 밤> 윤동주

별에도 봄이 오면 무덤 위에

파란 잔디가 피어나듯이 내

이름자 묻힌 언덕 위에도 자

랑처럼 풀이 무성할 거외다.

한국의 명시 따라 쓰기

나는 나룻배 당신은 행인.

당신은 흙발로 나를 짓밟습니다. 나는 당신을 안고 물을 건너갑니다. 나는 당신을 안으

<나룻배와 행인> 한용운

면 깊으나 옅으나 급한 여울이나 건너갑니다. 만일 당신이 아니 오시면 나는 바람을 쐬고 눈비를 맞으며 밤에서 낮

한국의 명시 따라 쓰기

까지 당신을 기다리고 있습니다. 당신은 물만 건너면 나를 돌아보지도 않고 가십니다그려.

그러나 당신이 언제든지 오실

<나룻배와 행인> 한용운

줄만은 알아요.

나는 당신을 기다리면서 날마다 날마다 낡아갑니다.

나는 나룻배 당신은 행인.

한국의 명시 따라 쓰기

먼 후일 당신이 찾으시면 그

때에 내 말이 "잊었노라"

당신이 속으로 나무라면

"무척 그리다가 잊었노라"

<먼 후일> 김소월

그래도 당신이 나무라면

"믿기지 않아서 잊었노라"

오늘도 어제도 아니 잊고 먼

후일 그 때에 "잊었노라"

명언 따라 쓰기

성공은 열심히 노력하며 기다리는 사람에게

찾아온다. - 에디슨

가족이란 당신이 누구 핏줄이냐가 아니라 당신이

누구를 사랑하느냐는 것이다. - 트레이 파커

민주주의에 대한 사랑은

곧 평등에 대한 사랑이다. - 몽테스키외

예술과 사랑을 하기에는 인생이 짧다. - 서머싯 몸

돈은 사랑의 핏줄이자 전쟁의 핏줄. - 토마스 풀러

명언 따라 쓰기

가장 끔찍한 빈곤은 외로움과

사랑받지 못한다는 느낌이다. - 마더 테레사

세상을 자신의 몸처럼 사랑하는 사람에게는

제국을 맡길 수 있다. - 노자

함께 있을 때 웃음이 나오지 않는 사람과는 결코

진정한 사랑에 빠질 수 없다. - 아그네스 리플라이어

키스해 주는 어머니도 있고 꾸중하는 어머니도

있지만 사랑하기는 마찬가지다. - 펄 벅

명언 따라 쓰기

남의 말을 경청하는 사람은 어디서나 사랑받을 뿐 아

니라 시간이 흐르면 지식을 얻게 된다. - 윌슨 미즈너

지식은 사랑이요, 빛이며, 통찰력이다. - 헬렌 켈러

웃음 없는 하루는 낭비한 하루다. - 찰리 채플린

에너지는 영원한 기쁨이다. - 블레이크

강력한 이유는 강력한 행동을 낳는다. - 셰익스피어

성공의 커다란 비결은 결코 지치지 않는 인간으로

인생을 살아가는 것이다. - 앨버트 슈바이처

명언 따라 쓰기

성공이란 열정을 잃지 않고

실패를 거듭할 수 있는 능력이다. - 윈스턴 처칠

배우고 때로 익히면 또한 기쁘지 아니한가! - 공자

독재는 신념의 힘을 꺾지 못한다. - 헬렌 켈러

비폭력은 인류가 활용할 수 있는

가장 강력한 힘이다. - 마하트마 간디

행복은 성취의 기쁨과 창조적 노력이 주는

쾌감 속에 있다. - 루즈벨트

명언 따라 쓰기

책 없는 방은 영혼 없는 육체와도 같다. - 키케로

사랑이란 서로 마주보는 것이 아니라

둘이서 똑같은 방향을 바라보는 것이라고

인생은 우리에게 가르쳐주었다. - 생텍쥐페리

서로를 용서하는 것이야말로

가장 아름다운 사랑의 모습이다.

행복은 성취의 기쁨과 창조적 노력이 주는

쾌감 속에 있다. - 루즈벨트

명언 따라 쓰기

돈을 위해 당신의 일을 돕는 사람을

고용하기보다는 일을 사랑하는 사람을

고용하라. - 헨리 데이비드 소로

시작이 반이다. - 아리스토텔레스

독서할 때 당신은 항상

가장 좋은 친구와 함께 있다. - 시드니 스미스

자신을 화나게 했던 행동을

다른 이에게 행하지 말라. - 소크라테스

속담 따라 쓰기

가게 기둥에 입춘. 격에 맞지 않는다는 말

가게 기둥에 입춘. 가게 기둥에 입춘.

가까운 남이 먼 친척보다 낫다.

멀리 떨어져 사는 일가보다 남이라도 이웃에 가까이 지내는 사람이 더 낫다는 말
(= 먼 사촌보다 가까운 이웃이 낫다, 이웃사촌)

가까운 남이 먼 친척보다 낫다.

가까운 데 집은 깎이고 먼 데 절은 비친다.

가까운 절이나 집은 작은 흠도 잘 드러나 좋지 않아 보이고 멀리 윤곽만 보이는 절이나 집은 좋아 보인다는 뜻으로, 늘 가까이에 있는 것은 뛰어나 보이지 않는 반면 멀리 있는 것은 실제보다 더 돋보이기 쉬움을 이르는 말

가까운 데 집은 깎이고 먼 데 절은 비친다.

가까운 무당보다 먼 데 무당이 영험하다.

흔히 사람은 자신이 잘 알고 가까이 있는 것보다는 잘 모르고 멀리 있는 것이 더 좋은 것인 줄로 생각한다는 말

가까운 무당보다 먼 데 무당이 영험하다.

가까운 제 눈썹 못 본다.
멀리 있는 것은 용케 잘 보면서도 자기 눈앞에 가깝게 보이는 것은 잘못 본다는 말

가까운 제 눈썹 못 본다.

가꿀 나무는 밑동을 높이 자른다.
어떠한 일이나 장래의 안목을 생각해서 미리부터 준비를 철저하게 해두어야 한다는 말

가꿀 나무는 밑동을 높이 자른다.

가난 구제는 임금도 못 한다.
남의 가난한 살림을 도와주기란 끝이 없는 일이어서, 개인은 물론 나라의 힘으로도 구제하지 못한다는 말

가난 구제는 임금도 못 한다.

가난도 비단 가난.
아무리 가난하여도 몸을 함부로 가지지 않고, 본래의 지체와 체통을 더럽히지 않는다는 말

가난도 비단 가난.   가난도 비단 가난.

속담 따라 쓰기

가난이 소 아들이라. 소처럼 죽도록 일해도 가난에서 벗어날 수 없음을 이르는 말

가난이 소 아들이라.   가난이 소 아들이라.

가난도 스승이다. 가난하면 이를 극복하려는 의지와 노력이 생기므로 가난이 주는 가르침도 스승과 같은 역할을 한다는 의미

가난도 스승이다.   가난도 스승이다.

가난이 원수. 일반적으로 불행한 사건이 일어나는 것은 가난이 그 동기가 된다는 생각 때문에 생긴다는 말

가난이 원수.   가난이 원수.   가난이 원수.

가난이 질기다. 가난하여 곧 굶어죽을 것 같으나 잘 견디어낸다는 뜻으로, 가난 속에서도 갖은 고생을 하며 그럭저럭 살아감을 비유적으로 이르는 말

가난이 질기다.   가난이 질기다.   가난이 질기다.

가난한 놈은 성도 없나. 가난한 사람이 괄시당할 때 하는 말

가난한 놈은 성도 없나.   가난한 놈은 성도 없나.

가난한 놈이 기와집만 짓는다. 가난하고 구차하게 사는 사람일수록 공상만 많이 하여 허풍을 떤다는 말

가난한 놈이 기와집만 짓는다.

가난한 상주 방갓 대가리 같다.
사람의 몰골이 허술하여 볼품없어 보임을 놀림조로 이르거나, 무슨 물건이 탐탁하지 못하고 어색해 보이며 값없어 보임을 이르는 의미, 또는 머리가 모시처럼 희게 되었다는 뜻으로 오랜 세월이 지났다는 말

가난한 상주 방갓 대가리 같다.

가난한 양반 씨나락 주무르듯.
가난한 양반이 털어먹자니 앞날이 걱정스럽고 그냥 두자니 당장 굶는 일이 걱정되어서 볍씨만 한없이 주무르고 있다는 뜻으로, 어떤 일에 닥쳐 우물쭈물하기만 하면서 선뜻 결정을 내리지 못하고 있는 모양을 이르는 말

가난한 양반 씨나락 주무르듯.

속담 따라 쓰기

가난한 양반 향청에 들어가듯.

가난한 양반이 주눅이 들어 향청에 들어갈 때처럼 행색이 떳떳하지 못하고 머뭇거리면서 쩔쩔매는 모습을 비유적으로 이르는 말, 또는 하기 싫은 일을 마지못하여 기운 없이 함을 비유적으로 이르는 말

가난한 양반 향청에 들어가듯.

가난한 집 신주 굶듯.

가난한 집에서는 산 사람도 배를 곯는 형편이므로 신주까지도 제사 음식을 제대로 받아보지 못하게 된다는 뜻으로, 줄곧 굶기만 한다는 말

가난한 집 신주 굶듯.   가난한 집 신주 굶듯.

가난한 집에 자식이 많다.

가난한 집에는 먹고 살아갈 걱정이 큰데 자식까지 많다는 뜻으로, 이래저래 부담되는 것이 많음을 이르는 말

가난한 집에 자식이 많다.   가난한 집에 자식이 많다.

가난한 집 제사 돌아오듯 한다.

살아가기도 어려운 가난한 집에 제삿날이 자꾸 돌아와서 그것을 치르느라 매우 어려움을 겪는다는 뜻으로, 힘든 일이 자주 닥쳐옴을 비유적으로 이르는 말

가난한 집 제사 돌아오듯 한다.

가난한 집 족보 자랑하기다.
가난뱅이 양반은 자신을 자랑할 만한 것이 없기 때문에 자기의 조상 자랑만 늘어놓는다는 말

가난한 집 족보 자랑하기다.

가난할수록 기와집 짓는다.
당장 먹을 것이나 입을 것이 넉넉지 못한 가난한 살림일수록 기와집을 짓는다는 뜻으로, 실상은 가난한 사람이 남에게 업신여김을 당하기 싫어서 허세를 부리려는 심리를 비유적으로 이르는 말

가난할수록 기와집 짓는다.

가는 날이 장날.
일을 보러가니 공교롭게 장이 서는 날이라는 뜻으로, 어떤 일을 하려고 하는데 뜻하지 않은 일을 공교롭게 당함을 비유적으로 이르는 말

가는 날이 장날.   가는 날이 장날.   가는 날이 장날.

가는 년이 물 길어다 놓고 갈까?
일을 그만두고 가는 사람이 뒷일을 생각하지 않는다는 말

가는 년이 물 길어다 놓고 갈까?

속담 따라 쓰기

가는 님은 밉상이요, 오는 님은 곱상이다.

말려도 뿌리치고 야속하게 가는 님은 미워도 기다리던 끝에 오는 님은 반갑다는 말

가는 님은 밉상이요, 오는 님은 곱상이다.

가는 말에도 채찍질. 잘하는 일에 더욱 잘하라고 격려함을 이르는 말

가는 말에도 채찍질. 가는 말에도 채찍질.

가는 말이 고와야 오는 말이 곱다. 내가 남에게 말을 좋게 해야 남도 나에게 말을 좋게 한다는 말

가는 말이 고와야 오는 말이 곱다.

가는 방망이, 오는 홍두깨. 섣불리 남을 해치려다 도리어 큰 화를 입는 것을 두고 하는 말

가는 방망이, 오는 홍두깨. 가는 방망이, 오는 홍두깨.

가는 세월에 오는 백발이다. 세월이 가면 사람은 늙게 마련이라는 말

가는 세월에 오는 백발이다.

가는 손님은 뒤꼭지가 예쁘다. 손님 대접을 하기 어려운 처지에 곧 돌아가는 손님은 그 뒷모양도 예쁘게 느껴진다는 말

가는 손님은 뒤꼭지가 예쁘다.

가는 정이 있어야 오는 정도 있다. 자기도 남에게 좋은 일을 해야 그 보답을 받을 수 있다는 것

가는 정이 있어야 오는 정도 있다.

가는 토끼 잡으려다 잡은 토끼 놓친다.

욕심을 너무 크게 부려 한꺼번에 여러 가지를 하려다가 이미 이룬 일까지 실패하기 쉽다는 말

가는 토끼 잡으려다 잡은 토끼 놓친다.

속담 따라 쓰기

가늘게 먹고 가는 똥 싸라. 너무 욕심을 부리다가는 봉변을 당하기 쉬우니 제힘에 맞게 적당히 취하라는 것을 비유적으로 이르는 말

가늘게 먹고 가는 똥 싸라. 가늘게 먹고 가는 똥 싸라.

가다 말면 안 가는 것만 못 하다.

무슨 일을 하다가 중도에서 그만두려면 차라리 처음부터 안하는 것이 낫다는 말

가다 말면 안 가는 것만 못 하다.

가랑니가 더 문다. 같잖고 시시한 것이 더 괴롭히거나 애를 먹임을 비유적으로 이르는 말

가랑니가 더 문다. 가랑니가 더 문다.

가랑비에 옷 젖는 줄 모른다. 조금씩 젖는 줄도 모르게 가랑비에 젖듯이 재산이 없어지는 줄 모르게 조금씩 줄어든다는 말

가랑비에 옷 젖는 줄 모른다.

가랑이가 찢어지도록 가난하다. 매우 가난하다는 말

가랑이가 찢어지도록 가난하다.

가랑잎에 불붙기. 성질이 급하고 마음이 좁은 사람을 가리키는 말

가랑잎에 불붙기. 가랑잎에 불붙기. 가랑잎에 불붙기.

가랑잎으로 똥 싸 먹겠다. 잘살던 사람이 별안간 몹시 가난해져서 어찌할 수 없는 신세가 됨을 비유적으로 이르는 말

가랑잎으로 똥 싸 먹겠다. 가랑잎으로 똥 싸 먹겠다.

가랑잎이 솔잎더러 바스락거린다고 한다.

자기 허물이 더 많은 사람이 도리어 허물이 적은 사람을 나무라거나 흉을 본다는 말

가랑잎이 솔잎더러 바스락거린다고 한다.

속담 따라 쓰기

가래 터 종놈 같다. 힘든 가래질을 억지로 하는 종과 같다는 뜻으로, 성품이 거칠고 버릇없이 굴거나 매사에 못마땅해서 무뚝뚝하게 구는 사람을 비유하는 말

가래 터 종놈 같다. 가래 터 종놈 같다.

가루 가지고 떡 못 만들랴. 가루만 있으면 누구나 떡을 만들 수 있다는 뜻으로, 누구나 할 수 있는 일을 자랑하며 뽐내는 것을 비웃는 말

가루 가지고 떡 못 만들랴. 가루 가지고 떡 못 만들랴.

가루는 칠수록 고와지고 말은 할수록 거칠어진다.
가루는 체에 칠수록 고와지지만 말은 길어질수록 시비가 붙을 수 있고 마침내는 말다툼까지 가게 되니 말을 삼가라는 말

가루는 칠수록 고와지고 말은 할수록 거칠어진다.

가르침은 배움의 반이다. 가르치고 배우는 데에는 배우는 사람만 공부가 되는 것이 아니라 가르치는 사람도 같이 공부가 된다는 말

가르침은 배움의 반이다. 가르침은 배움의 반이다.

가림은 있어야 의복이라 한다.

가려야 할 데를 가려야 비로소 의복이라 할 수 있다는 뜻으로, 제가 맡은 구실을 온전히 다 해야만 그에 마땅한 대우를 받음을 비유적으로 이르는 말

가림은 있어야 의복이라 한다.

가마가 검기로 밥도 검을까.

가마가 검다고 하여 가마 안의 밥까지 검겠느냐는 뜻으로, 겉이 좋지 않다고 하여 속도 좋지 않을 것이라고 경솔하게 판단하지 말라는 말

가마가 검기로 밥도 검을까.

가마가 많으면 모든 것이 헤프다.

가마가 많으면 그만큼 여러 곳에 나누어 놓고 끓이게 되므로 모든 것이 헤프다는 뜻으로, 일이나 살림을 여기저기 벌여 놓으면 결국 낭비가 많아진다는 말

가마가 많으면 모든 것이 헤프다.

가마 밑이 노구솥 밑을 검다 한다.

더 시꺼먼 가마솥 밑이 덜 시꺼먼 노구솥 밑을 보고 도리어 검다고 흉본다는 뜻으로, 남 못지않은 잘못이나 결함이 있는 사람이 제 흉은 모르고 남의 잘못이나 결함만을 흉봄을 비유적으로 이르는 말

가마 밑이 노구솥 밑을 검다 한다.

속담 따라 쓰기

가마 속의 콩도 삶아야 먹는다.
가마 안에 들어간 콩도 끓여서 삶아야 먹을 수 있다는 뜻으로, 다 된 듯하고 쉬운 일이라도 손을 대어 힘을 들이지 않으면 이익이 되지 않음을 비유적으로 이르는 말

가마 속의 콩도 삶아야 먹는다.

가마솥에 든 고기. 꼼짝없이 죽게 된 신세를 비유적으로 이르는 말

가마솥에 든 고기. 가마솥에 든 고기. 가마솥에 든 고기.

가마 타고 시집가기는 틀렸다.
시집을 갈 때 으레 가마를 타고 가는 것이나 그 격식을 좇아서 하지 못한다는 뜻으로, 일이 제대로 되지 않아 격식과 채비를 갖추어서 하기는 틀렸음을 비유적으로 이르는 말

가마 타고 시집가기는 틀렸다.

가만한 바람이 대목을 꺾는다.
약하게 가만가만 부는 바람이 큰 나무를 꺾는다는 뜻으로, 작고 약한 것이라고 얕잡아 보아서는 안 된다는 말

가만한 바람이 대목을 꺾는다.

가만히 먹으라니까 뜨겁다고 한다.
눈치 없이 비밀리 한 일을 드러낸다는 말

가만히 먹으라니까 뜨겁다고 한다.

가만히 있으면 중간이나 간다.
잠자코 있으면 남들이 아는지 모르는지 모르기 때문에 중간은 되지만 모르는 것을 애써 아는 척하다가는 무식이 탄로 난다는 말

가만히 있으면 중간이나 간다.

가면 갈수록 첩첩 산중이다.
일이 순조롭게 나아가지 못하고 갈수록 힘들고 어렵게 꼬이는 상태를 이르는 말

가면 갈수록 첩첩 산중이다.

가문 날에 빗방울 안 떨어지는 날이 없다.
가뭄이 계속되면서 비는 시원히 오지 않고 몇 방울 떨어지기만 한다는 말

가문 날에 빗방울 안 떨어지는 날이 없다.

속담 따라 쓰기

가문 덕에 대접받는다.
변변치 못한 사람이 좋은 가문에 태어난 덕분에 좋은 대우를 받는다는 말

가문 덕에 대접받는다.   가문 덕에 대접받는다.

가뭄 끝은 있어도 장마 끝은 없다.
가뭄은 아무리 심하여도 얼마간의 거둘 것이 있지만 큰 장마가 진 뒤에는 아무것도 거둘 것이 없다는 뜻으로, 가뭄에 의한 재난보다 장마로 인한 재난이 더 무서움을 비유적으로 이르는 말

가뭄 끝은 있어도 장마 끝은 없다.

가뭄에 콩 나듯 한다.
가뭄에는 심은 콩이 제대로 싹이 트지 못하여 드문드문 난다는 뜻으로, 어떤 일이나 물건이 어쩌다 하나씩 드문드문 있는 경우를 비유적으로 이르는 말

가뭄에 콩 나듯 한다.   가뭄에 콩 나듯 한다.

가물에 단비.
가뭄이 들어 곡식이 다 마를 때에 기다리던 비가 온다는 뜻으로, 기다리고 바라던 일이 마침내 이루어짐을 이르는 말

가물에 단비.   가물에 단비.   가물에 단비.

가뭄철 물웅덩이의 올챙이 신세.

가뭄으로 말라버려 곧 밑바닥이 드러나고야 말 물웅덩이 속에서 우글거리는 올챙이 신세라는 뜻으로, 머지않아 죽거나 파멸할 운명에 놓인 가련한 신세를 비유적으로 이르는 말

가뭄철 물웅덩이의 올챙이 신세.

가보 쪽 같은 양반.

노름에서 아홉 끗을 차지한 것과 같이 세상살이에서도 끗수를 가장 많이 차지한다는 뜻으로, 세도가 대단한 양반을 비유적으로 이르는 말

가보 쪽 같은 양반.   가보 쪽 같은 양반.

가시아비 돈 떼어먹은 놈처럼.

남에게 폐를 끼치고도 미안해하지 않는 태도를 비유적으로 이르는 말

가시아비 돈 떼어먹은 놈처럼.

가시어미 눈멀 사위.

사위가 왔을 때에 국을 끓여주느라 생기는 연기와 김으로 장모의 눈을 멀게 할 사위라는 뜻으로, 국을 매우 좋아하는 사람을 비유적으로 이르는 말

가시어미 눈멀 사위.   가시어미 눈멀 사위.

속담 따라 쓰기

가시어미 장 떨어지자 사위가 국 싫다 한다.

처갓집에 장이 떨어져서 국을 끓일 수 없게 되었는데 마침 사위가 국은 싫어서 먹지 않겠다고 한다는 뜻으로, 어떤 일이 서로 공교롭게도 때맞추어 일어남을 비유적으로 이르는 말

가시어미 장 떨어지자 사위가 국 싫다 한다.

가을 더위와 노인의 건강.

가을의 더위와 노인의 건강은 오래갈 수 없다는 뜻으로, 끝장이 가까워 그 기운이 쇠하고 오래가지 못함을 비유적으로 이르는 말

가을 더위와 노인의 건강. 가을 더위와 노인의 건강.

가을 물은 소 발자국에 고인 물도 먹는다.

가을 물이 매우 맑고 깨끗함을 비유적으로 이르는 말

가을 물은 소 발자국에 고인 물도 먹는다.

가을바람은 총각 바람 봄바람은 처녀 바람.

가을에는 남자가 바람이 나기 쉽고, 봄에는 여자가 바람이 나기 쉬움을 비유적으로 이르는 말

가을바람은 총각 바람 봄바람은 처녀 바람.

가을바람의 새털.
가을바람에 이리저리 날리는 새털처럼 매우 가볍고 꿋꿋하지 못한 것을 비유적으로 이르는 말

가을바람의 새털. 가을바람의 새털. 가을바람의 새털.

가을밭은 안 갈아엎는다.
가을에 밭농사가 끝난 뒤에는 그 밭을 그대로 두는 것이 좋다는 말

가을밭은 안 갈아엎는다. 가을밭은 안 갈아엎는다.

가을볕에는 딸을 쬐이고 봄볕에는 며느리를 쬐인다.
선선한 가을볕에는 딸을 쬐이고 살갗이 잘 타고 거칠어지는 봄볕에는 며느리를 쬐인다는 뜻으로, 시어머니는 며느리보다 제 딸을 더 아낌을 비유적으로 이르는 말

가을볕에는 딸을 쬐이고 봄볕에는 며느리를 쬐인다.

가을비는 떡 비라.
풍족한 가을에는 이것저것 먹을 것도 많으므로, 비가 와서 일하러 나가지 못하게 되는 날에는 집 안에서 넉넉한 곡식으로 떡이나 해먹고 지내기가 쉬움을 비유적으로 이르는 말

가을비는 떡 비라. 가을비는 떡 비라. 가을비는 떡 비라.

속담 따라 쓰기

가을비는 장인의 나룻 밑에서도 긋는다.
가을비는 아주 잠깐 오다가 곧 그친다는 의미, 또는 그때그때의 잔걱정은 순간적이어서 곧 지나가버림을 비유적으로 이르는 말

가을비는 장인의 나룻 밑에서도 긋는다.

가을 상추는 문 걸어 잠그고 먹는다.
가을 상추는 특별히 맛이 좋음을 비유적으로 이르는 말

가을 상추는 문 걸어 잠그고 먹는다.

가을 식은 밥이 봄 양식이다.
먹을 것이 흔한 가을에는 먹지 않고 내놓은 식은 밥이 봄에 가서는 귀중한 양식이 된다는 뜻으로, 풍족할 때 함부로 낭비하지 않고 절약하면 뒷날의 궁함을 면할 수 있음을 비유적으로 이르는 말

가을 식은 밥이 봄 양식이다.

가을 아욱국은 계집 내쫓고 먹는다.
가을 아욱국이 특별히 맛이 좋음을 비유적으로 이르는 말

가을 아욱국은 계집 내쫓고 먹는다.

가을에는 대부인 마누라도 나무 신짝 가지고 나온다.
가을걷이 때에는 일이 많아서 누구나 바빠 나서서 거들게 됨을 비유적으로 이르는 말

가을에는 대부인 마누라도 나무 신짝 가지고 나온다.

가을에는 손톱 발톱이 다 먹는다.
가을에는 손톱이나 발톱까지도 먹을 것을 찾는다는 뜻으로, 가을철에는 매우 입맛이 당기어 많이 먹게 됨을 비유적으로 이르는 말

가을에는 손톱 발톱이 다 먹는다.

가을에 떨어지는 도토리는 먼저 먹는 것이 임자이다.
임자 없는 물건은 누구든 먼저 차지하는 사람의 것이 된다는 말

가을에 떨어지는 도토리는 먼저 먹는 것이 임자이다.

가을에 밭에 가면 가난한 친정에 가는 것보다 낫다.
가을밭에는 먹을 것이 많다는 말

가을에 밭에 가면 가난한 친정에 가는 것보다 낫다.

속담 따라 쓰기

가을일은 미련한 놈이 잘한다.
가을 농촌 일은 매우 바쁘고 힘들기 때문에 미련한 사람처럼 꾀를 부리지 않고 묵묵히 해야 성과가 있음을 비유적으로 이르는 말

가을일은 미련한 놈이 잘한다.

가을 중 싸다니듯.
수확이 많은 가을철에 조금이라도 더 시주를 얻기 위하여 중이 바쁘게 돌아다닌다는 뜻으로, 여기저기 분주히 돌아다님을 비유적으로 이르는 말

가을 중 싸다니듯.   가을 중 싸다니듯.

가을 중의 시주 바가지 같다.
가을에는 곡식이 풍성하여 시주도 많이 하게 되므로 시주 바가지가 가득하다는 데서, 무엇이 가득 담긴 것을 비유적으로 이르는 말

가을 중의 시주 바가지 같다.

가자니 태산이요, 돌아서자니 숭산이라.
앞에도 높은 산이고 뒤에도 높은 산이라는 뜻으로, 이러지도 저러지도 못할 난처한 지경에 이름을 비유적으로 이르는 말

가자니 태산이요, 돌아서자니 숭산이라.

가재 뒷걸음이나 게 옆걸음이나.
가재가 뒤로 가는 것이나 게가 옆으로 가는 것이나 앞으로 바로 가지 않는 것은 매일반이라는 말

가재 뒷걸음이나 게 옆걸음이나.

가재 물 짐작하듯.
무슨 일에나 미리 예측을 잘함을 비유적으로 이르는 말

가재 물 짐작하듯.   가재 물 짐작하듯.

가재는 게 편이요 초록은 한 빛이라.
모양이나 형편이 비슷하고 인연이 있는 것끼리 서로 잘 어울리고, 사정을 보아주며 감싸주기 쉬움을 비유적으로 이르는 말

가재는 게 편이요 초록은 한 빛이라.

가죽이 모자라서 눈을 냈는가.
보기 위해서 눈을 냈지 살가죽이 모자라서 눈을 내놓은 것이 아니라는 뜻으로, 남들은 다 잘 보는 것을 보지 못하는 사람을 핀잔하는 말

가죽이 모자라서 눈을 냈는가.

속담 따라 쓰기

가죽이 있어야 털이 나지.
무엇이나 그 바탕이 있어야 생길 수 있음을 비유적으로 이르는 말

가죽이 있어야 털이 나지.   가죽이 있어야 털이 나지.

가지 나무에 목을 맨다.
워낙 딱하고 서러워서 목맬 나무의 크고 작음을 가리지 않고 죽으려 한다는 뜻으로, 이것저것 가릴 처지가 아님을 비유적으로 이르는 말

가지 나무에 목을 맨다.   가지 나무에 목을 맨다.

가지 따 먹고 외수한다.
남의 밭에 가서 가지를 따 먹고 남을 속인다는 뜻으로, 사람의 눈을 피하여 나쁜 짓을 하고는 시치미를 떼면서 딴전을 부림을 비유적으로 이르는 말

가지 따 먹고 외수한다.   가지 따 먹고 외수한다.

가지 많은 나무 바람 잘 날 없다.
가지가 많고 잎이 무성한 나무는 살랑거리는 바람에도 잎이 흔들려서 잠시도 조용한 날이 없다는 뜻으로, 자식을 많이 둔 어버이에게는 근심과 걱정이 끊일 날이 없음을 비유적으로 이르는 말

가지 많은 나무 바람 잘 날 없다.

가진 놈의 겹철릭.
한 사람이 필요 이상으로 물건을 겹쳐서 가지고 있음을 비유적으로 이르는 말

가진 놈의 겹철릭.   가진 놈의 겹철릭.

가진 돈이 없으면 망건 꼴이 나쁘다.
몸에 지닌 돈이 없으면 비록 망건을 썼어도 그 꼴이 하찮게 보인다는 뜻으로, 돈이 없으면 그만큼 겉모양도 허술해 보이고 마음도 떳떳하지 못함을 비유적으로 이르는 말

가진 돈이 없으면 망건 꼴이 나쁘다.

가짜가 병이라.
무엇이나 가짜라는 것은 차라리 없느니만 못함을 비유적으로 이르는 말

가짜가 병이라.   가짜가 병이라.   가짜가 병이라.

각설이 떼에게서는 장타령밖에 나올 것이 없다.
장타령을 부르며 동냥하여 얻어먹고 다니는 각설이 떼에게서 나올 것이란 장타령밖에 없다는 뜻으로, 본바탕이 하찮은 것에서는 크게 기대할 만한 결과가 나올 수 없음을 이르는 말

각설이 떼에게서는 장타령밖에 나올 것이 없다.

속담 따라 쓰기

각전 시전 통비단 감듯.
장사치가 솜씨 있게 통비단을 감듯 한다는 뜻으로, 무엇을 줄줄 익숙하게 잘 감음을 비유적으로 이르는 말(= 육모얼레에 연줄 감듯)

각전 시전 통비단 감듯.   각전 시전 통비단 감듯.

각전의 난전 몰듯.
육주비전 각전에서 그곳의 물건을 몰래 훔쳐다가 파는 난전을 무섭게 몰아치듯 한다는 뜻으로, 정신을 차리지 못할 만큼 매우 급히 몰아침을 비유적으로 이르는 말

각전의 난전 몰듯.   각전의 난전 몰듯.

간다 간다 하면서 아이 셋 낳고 간다.
하던 일을 말로만 그만둔다고 하고서 실제로는 그만두지 못하고 질질 끈다는 말

간다 간다 하면서 아이 셋 낳고 간다.

간 빼 먹고 등치다.
겉으로는 비위를 맞추며 잘해 주는 척하면서 정작 요긴한 것을 옳지 못한 방법으로 빼앗음을 비유적으로 이르는 말

간 빼 먹고 등치다.   간 빼 먹고 등치다.

간에 기별도 아니 갔다. 음식의 양이 너무 적어서 먹은 것 같지도 않다는 말

간에 기별도 아니 갔다.　　간에 기별도 아니 갔다.

간에 붙었다 쓸개에 붙었다 한다.

자기에게 조금이라도 이익이 되면 지조 없이 이편에 붙었다 저편에 붙었다 함을 비유적으로 이르는 말

간에 붙었다 쓸개에 붙었다 한다.

간이 뒤집혔나 허파에 바람이 들었나. 마음의 평정을 잃고 까닭 없이 웃는 것을 핀잔하는 말

간이 뒤집혔나 허파에 바람이 들었나.

간이 콩알만 하다. 겁이 나서 몹시 두렵다는 말

간이 콩알만 하다.　　간이 콩알만 하다.

속담 따라 쓰기

간이라도 빼어 먹이겠다. 아주 친한 사이이므로 아무리 소중한 것이라도 아낌없이 내어줄 수 있음을 비유적으로 이르는 말

간이라도 빼어 먹이겠다.   간이라도 빼어 먹이겠다.

간장국에 절다. 짠 간장국을 먹고 몸이 마른다는 뜻으로, 오래 찌들어서 바짝 마르고 단단함을 이르는 말

간장국에 절다.   간장국에 절다.   간장국에 절다.

간장에 전 놈이 초장에 죽으랴. 단단히 단련된 사람이 사소한 일을 무서워하겠느냐는 것을 비유적으로 이르는 말

간장에 전 놈이 초장에 죽으랴.

간장이 시고 소금이 곰팡 난다.

간장이 시어질 수 없고 소금에 곰팡이가 날 수 없다는 뜻으로, 절대로 있을 수 없는 일을 이르는 말

간장이 시고 소금이 곰팡 난다.

갈고리 맞은 고기.
갈고리를 맞아 놀라 헐떡거리며 어쩔 줄 모르는 고기와 같다는 뜻으로, 매우 위급한 경우를 당하여 어찌할 바를 모름을 비유적으로 이르는 말

갈고리 맞은 고기.　　갈고리 맞은 고기.

갈모 형제라.
갈모의 모양이 위는 뾰족하고 아래는 넓은 데서, 아우가 형보다 나은 경우를 비유적으로 이르는 말

갈모 형제라.　　갈모 형제라.　　갈모 형제라.

갈바람에 곡식이 혀를 빼물고 자란다.
가을이 오려고 서풍이 불기 시작하면 곡식들이 놀랄 만큼 빨리 자라고 익어감을 비유적으로 이르는 말

갈바람에 곡식이 혀를 빼물고 자란다.

갈수록 태산이다.
갈수록 더욱 어려운 지경에 처하게 되는 경우를 비유적으로 이르는 말

갈수록 태산이다.　　갈수록 태산이다.

속담 따라 쓰기

갈치가 갈치 꼬리 문다. 친근한 사이에 서로 모함한다는 말

갈치가 갈치 꼬리 문다.   갈치가 갈치 꼬리 문다.

감 고장의 인심. 감나무가 많은 고장에서는 누가 감을 따먹어도 아무도 말리는 법이 없다는 데서, 매우 순박하고 후한 인심을 비유적으로 이르는 말

감 고장의 인심.   감 고장의 인심.   감 고장의 인심.

감과 고욤은 두들겨 따야 잘 열린다.
감이나 고욤은 열매 달린 가지를 두들겨 따야 이듬해에 햇가지가 잘 자라고 열매가 많이 달린다는 뜻으로, 무슨 일이든지 이치에 맞게 하여야 큰 성과가 이루어짐을 비유적으로 이르는 말

감과 고욤은 두들겨 따야 잘 열린다.

감기 고뿔도 남을 안 준다. 감기까지도 남에게 주지 않을 만큼 지독하게 인색하다는 말

감기 고뿔도 남을 안 준다.   감기 고뿔도 남을 안 준다.

감기는 밥상머리에 내려앉는다.

감기 들어 앓고 있다가도 밥상을 받으면 앓는 사람 같지 않게 잘 먹는다는 말, 또는 밥만 잘 먹으면 감기 정도는 절로 물러간다는 뜻으로, 밥만 잘 먹으면 병은 물러감을 이르는 말

감기는 밥상머리에 내려앉는다.

감꼬치 빼 먹듯.

벌지는 못하고 있던 재물을 하나씩 하나씩 축내기만 하는 모양을 비유적으로 이르는 말

감꼬치 빼 먹듯.   감꼬치 빼 먹듯.   감꼬치 빼 먹듯.

감나무 밑에 누워도 삿갓 미사리를 대어라.

감나무 밑에 누워서 절로 떨어지는 감을 얻어먹으려 해도 그것을 받기 위해서는 삿갓 미사리를 입에 대고 있어야 한다는 뜻으로, 의당 자기에게 올 기회나 이익이라도 그것을 놓치지 않으려는 노력이 필요함을 이르는 말

감나무 밑에 누워도 삿갓 미사리를 대어라.

감나무 밑에 누워서 홍시 떨어지기를 기다린다.

아무런 노력도 아니 하면서 좋은 결과가 이루어지기만 바람을 비유적으로 이르는 말

감나무 밑에 누워서 홍시 떨어지기를 기다린다.

속담 따라 쓰기

감 내고 배 낸다. 제 뜻대로 주선함을 비유적으로 이르는 말

감 내고 배 낸다. 감 내고 배 낸다. 감 내고 배 낸다.

감사 덕분에 비장 나리 호사한다.

윗사람 덕분에 아랫사람이 분에 넘치는 대접을 받는다는 뜻으로, 남의 덕분에 엉뚱한 사람이 호강함을 비유적으로 이르는 말

감사 덕분에 비장 나리 호사한다.

감사면 다 평안감사인가? 좋은 자리라고 모두가 다 좋은 자리는 아니라는 의미

감사면 다 평안감사인가? 감사면 다 평안감사인가?

감옥에 십 년을 있으면 바늘로 파옥한다.

감옥살이 십 년이면 바늘을 가지고도 옥을 깨쳐 뛰쳐나오게 된다는 뜻으로, 사람이 역경에 처하고 그것을 극복하려고 오래 애쓰는 과정에서는 보잘것없는 작은 물건을 가지고도 큰일을 성사시킬 수 있음을 비유적으로 이르는 말

감옥에 십 년을 있으면 바늘로 파옥한다.

감출수록 드러난다. 숨기려 드는 일은 도리어 드러나기 쉽다는 의미

감출수록 드러난다.   감출수록 드러난다.

감투가 커도 귀가 짐작이라.

귀를 가늠하여 감투의 크기를 짐작할 수 있다는 뜻으로, 어떤 사물의 내용을 어느 정도 자신 있게 짐작할 수 있음을 비유적으로 이르는 말

감투가 커도 귀가 짐작이라.

감투가 크면 어깨를 누른다. 실력이나 능력도 없이 과분한 지위에서 일을 하게 되면 감당할 수 없게 된다는 말

감투가 크면 어깨를 누른다.

갑갑한 놈이 송사한다. 제게 긴요한 사람이 먼저 행동한다는 말

갑갑한 놈이 송사한다.   갑갑한 놈이 송사한다.

속담 따라 쓰기

값도 모르고 싸다고 한다. 일의 속사정은 잘 알지도 못하면서 경솔하게 이러니저러니 말함을 이르는 말

값도 모르고 싸다고 한다. 값도 모르고 싸다고 한다.

값싼 갈치자반 맛만 좋다. 값이 싸면서도 쓸 만한 물건을 이르는 말

값싼 갈치자반 맛만 좋다. 값싼 갈치자반 맛만 좋다.

값싼 것이 비지떡. 값이 싸면 품질이 좋지 못하다는 말

값싼 것이 비지떡. 값싼 것이 비지떡.

갓방 인두 달듯. 갓 만드는 작업장의 인두가 언제나 뜨겁게 달아 있는 것처럼 자기 혼자 애태우며 어쩔 줄 몰라 하는 모양을 비유적으로 이르는 말

갓방 인두 달듯. 갓방 인두 달듯. 갓방 인두 달듯.

갓 사러 갔다가 망건 산다.
본래의 의미를 잊어버리고 다른 일에 정신이 팔려 있다는 말

갓 사러 갔다가 망건 산다. 갓 사러 갔다가 망건 산다.

갓 쓰고 망신.
한껏 점잔을 빼고 있는데 뜻하지 아니한 망신을 당하여 더 무참하게 되었음을 비유적으로 이르는 말

갓 쓰고 망신. 갓 쓰고 망신. 갓 쓰고 망신.

갓 쓰고 박치기해도 제멋.
갓 쓰고 박치기를 하여 갓이 망가지게 되는 것도 제멋으로 하는 짓이란 뜻으로, 남이 어떤 짓을 하거나 제 마음대로 하게 내버려두라는 말

갓 쓰고 박치기해도 제멋. 갓 쓰고 박치기해도 제멋.

갓 쓰고 자전거 탄다.
전혀 격에 어울리지 아니하게 차려입은 것을 놀림조로 이르는 말

갓 쓰고 자전거 탄다. 갓 쓰고 자전거 탄다.

속담 따라 쓰기

갓장이 헌 갓 쓰고 무당 남 빌려 굿하고.

제가 제 것을 만들어 가지지 못하고 제가 제 일을 처리하지 못하는 경우를 비유적으로 이르는 말

갓장이 헌 갓 쓰고 무당 남 빌려 굿하고.

강 하나가 천 리다. 장애물이 있으면 그렇게 가까이 지내던 이웃 동리도 천리와 같이 멀어진다는 말

강 하나가 천 리다.   강 하나가 천 리다.

강 건너 불구경이다. 자신과는 상관없는 일이라고 남의 일에 너무 무관심한 태도를 보일 때 쓰는 말

강 건너 불구경이다.   강 건너 불구경이다.

강물도 쓰면 준다. 굉장히 많은 강물도 쓰면 준다는 뜻으로, 풍부하다고 하여 함부로 헤프게 쓰지 말라는 말

강물도 쓰면 준다.   강물도 쓰면 준다.

강물이 돌을 굴리지 못한다.
강물이 아무리 흘러도 돌을 움직여 굴리지는 못한다는 뜻으로, 세태에 흔들리지 아니하고 지조 있게 꿋꿋이 행동함을 비유적으로 이르는 말

강물이 돌을 굴리지 못한다.

강아지 똥은 똥이 아닌가.
약간의 차이는 있다 하더라도 그 본질은 다 같거나, 또는 나쁜 짓을 조금 했다고 하여 안 했다고 발뺌할 수는 없음을 비유적으로 이르는 말

강아지 똥은 똥이 아닌가. 강아지 똥은 똥이 아닌가.

강아지에게 메주 멍석 맡긴 것 같다.
강아지한테 메주 멍석을 맡기면 메주를 먹을 것은 뻔한 일이란 뜻으로, 어떤 일이나 물건을 믿지 못할 사람에게 맡겨놓고 마음이 놓이지 않아 걱정함을 비유적으로 이르는 말

강아지에게 메주 멍석 맡긴 것 같다.

강원도 포수.
산이 험한 강원도에서는 사냥을 떠나면 돌아오지 못하는 수가 많았다는 데서, 한 번 간 후 다시 돌아오지 않거나, 매우 늦게야 돌아오는 사람을 비유적으로 이르는 말

강원도 포수. 강원도 포수. 강원도 포수.

속담 따라 쓰기

강철이 달궈지면 더욱 뜨겁다.
더디 달궈지는 강철이 달궈지면 보통 쇠보다 더 뜨겁다는 뜻으로, 웬만해서는 화를 내지 않는 사람이 한 번 성나면 더 무서움을 비유적으로 이르는 말

강철이 달궈지면 더욱 뜨겁다.

강태공의 곧은 낚시질.
강태공이 웨이수이 강에서 곧은 낚시질을 하며 때가 오기를 기다렸다는 데서, 큰 뜻을 품고 때가 오기를 기다리며 한가한 나날을 보내는 것을 비유적으로 이르는 말

강태공의 곧은 낚시질.   강태공의 곧은 낚시질.

강태공이 세월 낚듯 한다.
일을 아주 느리고 천천히 하는 것을 비유적으로 이르는 말

강태공이 세월 낚듯 한다.   강태공이 세월 낚듯 한다.

강한 말은 매놓은 기둥에 상한다.
힘이 매우 센 말은 그것이 움직이지 못하도록 단단히 매놓은 기둥에 상처를 입게 된다는 뜻으로, 사람을 너무 구속하면 오히려 좋지 않은 결과를 가져올 수 있다는 말

강한 말은 매놓은 기둥에 상한다.

강한 장수 밑에는 약한 군사가 없다.

유능한 장수는 군사를 잘 쓸 줄 알기 때문에 그 밑에 무능한 군사나 군대가 없다는 뜻으로, 지도력의 중요성과 의의를 강조하여 이르는 말

강한 장수 밑에는 약한 군사가 없다.

갖바치 내일 모레.

갖바치들이 흔히 맡은 물건을 제날짜에 만들어주지 않고 약속한 날에 찾으러 가면 내일 오라 모레 오라 한다는 데서, 약속한 기일을 이 날 저 날 자꾸 미루는 것을 비유적으로 이르는 말

갖바치 내일 모레. 갖바치 내일 모레.

갖바치에 풀무는 있으나마나.

남에게는 요긴한 물건일지라도 제게는 아무 소용이 없음을 비유적으로 이르는 말

갖바치에 풀무는 있으나마나.

같은 값이면 과붓집 머슴살이.

같은 값이면 자기에게 좀 더 이롭고 편한 것을 택함

같은 값이면 과붓집 머슴살이.

속담 따라 쓰기

같은 값이면 다홍치마. 같은 값이면 품질이 좋은 것을 말함

같은 값이면 다홍치마.   같은 값이면 다홍치마.

같은 값이면 은가락지 낀 손에 맞으랬다.
꾸지람을 듣거나 벌을 받을 경우라도 이왕이면 덕 있고 이름 있는 사람에게 당하는 것이 좋음을 이르는 말

같은 값이면 은가락지 낀 손에 맞으랬다.

같은 깃의 새는 같이 모인다. 동류끼리 서로 잘 어울리게 됨을 비유적으로 이르는 말

같은 깃의 새는 같이 모인다.

같은 떡도 맏며느리 주는 것이 더 크다.
맏며느리가 집안의 중요한 사람임을 비유적으로 이르는 말

같은 떡도 맏며느리 주는 것이 더 크다.

같은 말이라도 '아' 다르고 '어' 다르다.

비슷한 말이라도 듣기 좋은 말이 있고 듣기 싫은 말이 있듯이 말을 가려 하라는 의미

같은 말이라도 '아' 다르고 '어' 다르다.

같은 손가락에도 길고 짧은 것이 있다.

아무리 같은 조건에 있다고 하더라도 조금씩은 서로 차이가 있게 마련이라는 것을 비유적으로 이르는 말

같은 손가락에도 길고 짧은 것이 있다.

같은 자리에서 서로 딴 꿈을 꾼다.

겉으로는 같이 행동하는 듯이 하면서 속으로는 딴생각을 한다는 것을 비유적으로 이르는 말

같은 자리에서 서로 딴 꿈을 꾼다.

같잖은 투전에 돈만 잃었다.

기를 쓰고 덤빈 투전도 아닌데 돈을 잃었다는 뜻으로, 사소한 일에 손해만 보았음을 이르는 말

같잖은 투전에 돈만 잃었다.

속담 따라 쓰기

개가 개를 낳지. 개가 개 새끼를 낳는다는 뜻으로, 못난 어버이에게서 못난 자식이 나지 별 수 없음을 비유적으로 이르는 말

개가 개를 낳지. 개가 개를 낳지. 개가 개를 낳지.

개가 겨를 먹다가 말경 쌀을 먹는다.

개가 처음에는 겨를 훔쳐 먹다가 재미를 붙이게 되어 나중에는 쌀을 먹는다는 뜻으로, 처음에는 조금 나쁘던 것이 차차 더 크게 나빠짐을 이르는 말

개가 겨를 먹다가 말경 쌀을 먹는다.

개가 똥을 마다할까. 본디 좋아하는 것을 짐짓 싫다고 거절할 때 이를 비꼬는 말

개가 똥을 마다할까. 개가 똥을 마다할까.

개가 웃을 일이다. 너무도 어이없고 같잖은 일임을 비유적으로 이르는 말

개가 웃을 일이다. 개가 웃을 일이다.

개가 제 주인을 보고 짖게 되여야 농사가 풍년 진다.

농민은 부지런히 논밭에 나가 일을 많이 해서 개가 주인도 못 알아볼 만큼 얼굴이 볕에 타야 그해 농사가 잘됨을 이르는 말

개가 제 주인을 보고 짖게 되여야 농사가 풍년 진다.

개가 콩엿 사 먹고 버드나무에 올라간다.

어리석고 못난 사람이 감히 할 수 없는 일을 하겠다고 큰소리침을 비유적으로 이르는 말

개가 콩엿 사 먹고 버드나무에 올라간다.

개같이 벌어서 정승같이 산다.

돈을 벌 때는 천한 일이라도 하면서 벌고 쓸 때는 떳떳하고 보람 있게 씀을 비유적으로 이르는 말

개같이 벌어서 정승같이 산다.

개구리 낯짝에 물 붓기.

물에 사는 개구리의 낯에 물을 끼얹어 보았자 개구리가 놀랄 일이 아니라는 뜻으로, 어떤 자극을 주어도 그 자극이 조금도 먹혀들지 아니하거나 어떤 처사를 당하여도 태연함을 이르는 말

개구리 낯짝에 물 붓기. 개구리 낯짝에 물 붓기.

속담 따라 쓰기

개구리도 옴쳐야 뛴다.
뛰기를 잘하는 개구리도 뛰기 전에 옴츠려야 한다는 뜻으로, 아무리 급하더라도 일을 이루려면 그 일을 위하여 준비할 시간이 있어야 함을 이르는 말

개구리도 옴쳐야 뛴다. 개구리도 옴쳐야 뛴다.

개구리 소리도 들을 탓.
시끄럽게 우는 개구리 소리도 듣기에 따라 좋게도 들리고 나쁘게도 들린다는 뜻으로, 같은 현상도 어떤 기분 상태에서 대하느냐에 따라 좋게도 보이고 나쁘게도 보임을 이르는 말

개구리 소리도 들을 탓. 개구리 소리도 들을 탓.

개구리 올챙이 적 생각 못 한다.
형편이나 사정이 전에 비하여 나아진 사람이 지난날의 미천하거나 어렵던 때의 일을 생각지 아니하고 처음부터 잘난 듯이 뽐냄을 비유적으로 이르는 말

개구리 올챙이 적 생각 못 한다.

개구멍으로 통량갓을 굴려 내다.
개나 드나드는 조그만 개구멍으로 크고 값비싼 통량갓을 상하지 않게 굴려 뽑아낸다는 뜻으로, 교묘한 수단으로 남을 잘 속여 먹는 것을 욕으로 이르는 말

개구멍으로 통량갓을 굴려 내다.

개꼬리 3년 두어도 황모(노란 털) 못 된다.

본디부터 나쁘게 태어난 사람은 아무리 하여도 그 본디 성질을 바꾸지 못한다는 말

개꼬리 3년 두어도 황모(노란 털) 못 된다.

개꿈도 꿈인가?

꿈도 꿈답지 않은 것은 꿈이라고 할 수 없듯이 물건도 물건답지 않은 것은 물건이라고 할 수 없다는 말

개꿈도 꿈인가?　　개꿈도 꿈인가?　　개꿈도 꿈인가?

개 눈에는 똥만 보인다.

평소에 자신이 좋아하거나 관심을 가지고 있는 것만이 눈에 띈다는 것을 놀림조로 이르는 말

개 눈에는 똥만 보인다.　　개 눈에는 똥만 보인다.

개도 무는 개를 돌아본다.

같은 개끼리도 사나운 개를 두려워하듯이, 사람 사이에서도 영악하고 사나운 사람에게는 해를 입게 될 것을 두려워하여 도리어 잘 대함을 비유적으로 이르는 말

개도 무는 개를 돌아본다.　　개도 무는 개를 돌아본다.

속담 따라 쓰기

개도 부지런해야 더운 똥을 얻어먹는다. 잘 살려면 부지런해야 함을 비유적으로 이르는 말

개도 부지런해야 더운 똥을 얻어먹는다.

개도 주인을 알아본다. 짐승인 개도 자기를 돌봐주는 주인을 안다는 뜻으로, 배은망덕한 사람을 꾸짖어 이르는 말

개도 주인을 알아본다. 개도 주인을 알아본다.

개도 텃세한다. 어디에서나 먼저 자리 잡은 사람이 나중에 온 사람에게 선뜻 자리를 내주지 않음을 비유적으로 이르는 말

개도 텃세한다. 개도 텃세한다. 개도 텃세한다.

개도 하루에 겨 세 홉 녹은 있다. 사람은 어떻게 해서든 세 끼 밥은 먹게 됨을 비유적으로 이르는 말

개도 하루에 겨 세 홉 녹은 있다.

개 등의 등겨를 털어먹는다.
자기보다 못사는 사람의 것을 빼앗는 경우를 비유적으로 이르는 말

개 등의 등겨를 털어먹는다.

개똥도 약에 쓴다.
아무리 하찮은 물건이라도 요긴하게 쓰일 때가 있음을 비유적으로 이르는 말

개똥도 약에 쓴다.   개똥도 약에 쓴다.

개똥 밟은 얼굴.
좋지 아니한 일을 만나 일그러진 얼굴을 비유적으로 이르는 말

개똥 밟은 얼굴. 개똥 밟은 얼굴. 개똥 밟은 얼굴.

개똥밭에 굴러도 이승이 좋다.
아무리 천하고 고생스럽게 살더라도 죽는 것보다는 사는 것이 나음을 이르는 말

개똥밭에 굴러도 이승이 좋다.

속담 따라 쓰기

개똥 보듯. 별 관심 없이 보는 것을 비유적으로 이르는 말

개똥 보듯.   개똥 보듯.   개똥 보듯.

개똥참외는 먼저 맡는 이가 임자라.

임자 없는 물건은 무엇이든 먼저 발견한 사람이 차지하게 마련이라는 말.

개똥참외는 먼저 맡는 이가 임자라.

개를 따라가면 측간으로 간다. 못된 자와 어울려 다니면 좋지 아니한 곳으로 가게 됨을 비유적으로 이르는 말

개를 따라가면 측간으로 간다.

개 못된 것은 들에 나가 짖는다.

개는 집을 지키며 집에서 짖는 짐승인데 못된 개는 쓸데없이 들판에 나가 짖는다는 뜻으로, 제가 마땅히 해야 할 일은 하지 아니하고 아무 소용도 없는 데 가서 잘난 체하고 떠드는 행동을 이르는 말

개 못된 것은 들에 나가 짖는다.

proverb

개미가 절구통 물고 나간다.
약하고 작은 사람이 힘에 겨운 큰일을 맡아 하거나, 무거운 것을 가지고 감을 비유적으로 이르는 말

개미가 절구통 물고 나간다.

개밥에 도토리.
따돌림을 당해 함께 섞이지 못하고 고립됨

개밥에 도토리.   개밥에 도토리.   개밥에 도토리.

개 보름 쇠듯 한다.
명절날 맛 좋은 음식도 해 먹지 못하고 그냥 넘긴다는 말

개 보름 쇠듯 한다.   개 보름 쇠듯 한다.

개 입에서 개 말 나온다.
입버릇이 아주 나쁜 사람의 입에서는 결코 고운 말이 나올 리 없다는 말

개 입에서 개 말 나온다.   개 입에서 개 말 나온다.

속담 따라 쓰기

개가 똥을 마다한다. 평시에 좋아하는 것을 싫다고 거절할 때 하는 말

개가 똥을 마다한다. 개가 똥을 마다한다.

개가 제 방귀에 놀란다. 대단치도 않은 일에 깜짝깜짝 잘 놀라는 경솔한 사람을 두고 하는 말

개가 제 방귀에 놀란다. 개가 제 방귀에 놀란다.

개같이 벌어서 정승같이 쓴다. 비천하게 벌어서라도 떳떳이 가장 보람 있게 쓴다는 말

개같이 벌어서 정승같이 쓴다.

개꼬리는 먹이를 탐내서 흔든다. 누구에게나 반가운 척하는 사람의 이면에는 대부분 야심이 숨겨져 있다는 의미

개꼬리는 먹이를 탐내서 흔든다.

개는 잘 짖는다고 좋은 개는 아니다.

모름지기 사람이 말만 잘 한다고 해서 훌륭한 사람이 아니라 처신을 잘 해야 훌륭한 사람이라는 말

개는 잘 짖는다고 좋은 개는 아니다.

개도 나갈 구멍을 보고 쫓아라.

무엇을 쫓아낼 때 그 갈 길을 남겨 놓고 쫓아야 한다는 말

개도 나갈 구멍을 보고 쫓아라.

개도 먹을 때는 안 때린다.

맛있게 음식을 먹고 있는 사람을 건드려서는 안 된다는 의미

개도 먹을 때는 안 때린다.

개도 얻어맞은 골목에는 가지 않는다.

한 번 실패한 경험이 있는 사람은 다시는 그때의 전철을 밟지 않도록 경계한다는 말

개도 얻어맞은 골목에는 가지 않는다.

속담 따라 쓰기

개도 제 주인은 알아본다. 주인의 은혜를 모르는 사람을 두고 이르는 말

개도 제 주인은 알아본다. 개도 제 주인은 알아본다.

개똥도 약에 쓰려면 없다. 흔한 것이라도 정작 소용이 있어 찾으면 없다는 말

개똥도 약에 쓰려면 없다. 개똥도 약에 쓰려면 없다.

개똥이 무서워 피하나 더러워 피하지.
행실이 더러운 사람과 다투는 것보다는 피하는 것이 자신을 위해서 낫다는 말

개똥이 무서워 피하나 더러워 피하지.

개미구멍으로 공든 탑 무너진다. 조그만 실수로 큰 손해를 초래했을 때를 일컬음

개미구멍으로 공든 탑 무너진다.

개미 금탑 모으듯 한다.
절약해서 조금씩 재산을 모으는 것을 뜻하는 말

개미 금탑 모으듯 한다. 개미 금탑 모으듯 한다.

개미 나는 곳에 범 난다.
처음에는 개미만큼 작고 대수롭지 않던 것이 점점 커져서 나중에는 범같이 크고 무서운 것이 된다는 말

개미 나는 곳에 범 난다. 개미 나는 곳에 범 난다.

개미 쳇바퀴 돌 듯 한다.
조금도 진보가 없이 제자리걸음만 한다는 말

개미 쳇바퀴 돌 듯 한다. 개미 쳇바퀴 돌 듯 한다.

개 발에 편자.
옷차림이나 지닌 물건 따위가 제격에 맞지 아니하여 어울리지 않음을 비유적으로 이르는 말

개 발에 편자. 개 발에 편자. 개 발에 편자.

속담 따라 쓰기

개살구가 먼저 익는다. 개살구가 참살구보다 먼저 익듯이 악이 선보다 더 가속도로 발전하게 된다는 말(개살구가 지레 터진다.)

개살구가 먼저 익는다.   개살구가 먼저 익는다.

개살구도 맛들일 탓. 자기가 좋아하는 것은 더 낫게 보인다는 말(취미가 제각기 다르다는 뜻)

개살구도 맛들일 탓.   개살구도 맛들일 탓.

개새끼도 주인을 보면 꼬리친다. 은혜를 모르는 사람을 조롱하는 말

개새끼도 주인을 보면 꼬리친다.

개와 원숭이 사이다. 개와 원숭이 사이 같이 관계가 몹시 어색하고 안 좋은 상태를 두고 이르는 말

개와 원숭이 사이다.   개와 원숭이 사이다.

개에게 메스꺼움.

개는 아무리 더러워도 메스꺼움을 느끼지 못한다는 뜻으로, 옳고 그른 것을 판단할 능력도 없으면서 공연히 앞에 나서 이렇다 저렇다 함부로 판단함을 이르는 말

개천에서 용 나고 미꾸라지가 용 된다.

변변치 못한 집안에서 태어났더라도 꾸준히 노력을 하면 훌륭한 사람이 될 수 있고 출세할 수 있다는 말

개천 치다 금을 줍는다.

큰 힘을 들이지 않고 우연히 횡재를 하거나 큰 성과를 거두게 된 경우를 이르는 말

개 팔자가 상팔자라.

한가하게 놀 수 있는 개 또는 남에게 부양되어 밥벌이 걱정 없는 개 팔자가 더 좋다는 말

속담 따라 쓰기

개 핥은 죽사발 같다. 남긴 것이 없이 깨끗함, 또는 매우 인색하고 각박하여 다른 사람이 조금도 얻어갈 것이 없음을 비유적으로 이르는 말

개 핥은 죽사발 같다. 개 핥은 죽사발 같다.

개 호랑이가 물어간 것만큼 시원하다.
미운 개를 버리지도 못하고 속을 썩이던 중 호랑이가 물어가서 시원하다는 뜻으로, 꺼림칙한 것이 없어져 개운하고 시원함을 이르는 말

개 호랑이가 물어간 것만큼 시원하다.

객주가 망하려니 짚단만 들어온다.
객줏집의 영업이 안 되려니까 손님은 안 들어오고 부피만 크고 이익이 안 되는 짚단만 들어온다는 뜻으로, 일이 안 되려면 해롭고 귀찮은 일만 생긴다는 말

객주가 망하려니 짚단만 들어온다.

객줏집 칼도마 같다.
객줏집의 칼도마는 손님을 치르느라고 많이 써서 가운데 부분이 움푹 패었다는 뜻으로, 이마와 턱이 나오고 눈 아래가 움푹 들어간 얼굴을 놀림조로 이르는 말

객줏집 칼도마 같다. 객줏집 칼도마 같다.

객지 벗도 사귈 탓이다.
객지에서 오래 사귀지 않은 친구라도 친하기에 따라 형제처럼 될 수 있다는 말

객지 벗도 사귈 탓이다.　객지 벗도 사귈 탓이다.

객지 생활 삼 년에 골이 빈다.
객지에서 남이 아무리 잘해 준다 해도 고생이 되므로 여위어서 허울만 남게 된다는 말

객지 생활 삼 년에 골이 빈다.

거문고 인 놈이 춤을 추면 칼 쓴 놈도 춤을 춘다.
자기는 도저히 할 만한 처지가 아닌데도 남이 하는 짓을 덩달아 흉내 내다가 웃음거리가 됨을 이르는 말

거문고 인 놈이 춤을 추면 칼 쓴 놈도 춤을 춘다.

거미도 줄을 쳐야 벌레를 잡는다.
무슨 일을 하고자 할 때 거기에 필요한 준비나 도구가 있어야 그 목적에 달성할 수 있다는 말

거미도 줄을 쳐야 벌레를 잡는다.

속담 따라 쓰기

거미줄도 줄은 줄이다. 미약하나마 명분과 실리를 갖추었다는 말

거미줄도 줄은 줄이다.　거미줄도 줄은 줄이다.

거미 줄 따르듯. 밀접한 관계가 있어서 서로 떨어지지 않고 따라다닌다는 말

거미 줄 따르듯.　거미 줄 따르듯.　거미 줄 따르듯.

거미줄로 방귀 동이듯.
지극히 약한 거미줄로 형체도 없는 방귀를 동여맨다는 뜻으로, 어떤 일에 실속 없이 건성으로만 하는 체하는 모양을 이르는 말

거미줄로 방귀 동이듯.　거미줄로 방귀 동이듯.

거북의 털. 거북은 털이 없다는 점에서, 도저히 구할 수 없는 물건을 비유적으로 이르는 말

거북의 털.　거북의 털.　거북의 털.　거북의 털.

거북이도 제 살던 바윗돌을 떠나면 오래 살지 못한다.

오래 산다고 하는 거북조차도 제가 살던 바윗돌을 떠나면 오래 살지 못한다는 뜻으로, 사람은 제가 나서 자란 고향 땅을 등지면 제명대로 살아가기가 힘듦을 비유적으로 이르는 말

거북이도 제 살던 바윗돌을 떠나면 오래 살지 못한다.

거적 쓴 놈 내려온다. 몹시 졸려서 눈꺼풀이 내려 감긴다는 말

거적 쓴 놈 내려온다.   거적 쓴 놈 내려온다.

거지가 도승지를 불쌍타 한다.

도승지는 아무리 추운 때라도 새벽에 궁궐에 가야 하기 때문에 거지가 그것을 불쌍하게 여긴다는 뜻으로, 불쌍한 처지에 놓여 있는 사람이 도리어 자기보다 나은 사람을 동정한다는 말

거지가 도승지를 불쌍타 한다.

거지는 논두렁 밑에 있어도 웃음이 있다.

물질적으로는 가난하더라도 마음의 화평은 얼마든지 있을 수 있다는 말

거지는 논두렁 밑에 있어도 웃음이 있다.

속담 따라 쓰기

거지는 모닥불에 살찐다.
거지가 모닥불을 피워 놓고 언 몸을 녹이는 맛에 살이 찐다는 뜻으로, 아무리 어려운 사람이라도 무언가 한 가지는 사는 재미가 있다는 말

거지는 모닥불에 살찐다. 거지는 모닥불에 살찐다.

거지도 배 채울 날이 있다.
못살고 헐벗은 사람일지라도 언젠가는 행복한 날이 온다는 말

거지도 배 채울 날이 있다.

거지도 부지런하면 더운밥을 얻어먹는다.
사람은 부지런해야 복 받고 살 수 있다는 말

거지도 부지런하면 더운밥을 얻어먹는다.

거지발싸개 같다.
아주 더럽고 지저분한 것을 말함

거지발싸개 같다. 거지발싸개 같다. 거지발싸개 같다.

거지 자루 기울 새 없다. 가난한 살림이라도 생활해 나가려면 바쁘고 짬이 없음을 이르는 말

거지 자루 기울 새 없다.   거지 자루 기울 새 없다.

거짓말은 새끼를 친다. 습관적으로 남을 속이는 사람은 언젠가는 사기 행위도 거침없이 하게 된다는 말

거짓말은 새끼를 친다.   거짓말은 새끼를 친다.

거짓말은 십 리를 못 간다. 일시적으로 사람을 속일 수는 있지만 오랫동안 시일을 두고 속이지는 못한다는 말

거짓말은 십 리를 못 간다. 거짓말은 십 리를 못 간다.

거짓말이 외삼촌보다 낫다. 거짓말이 경우에 따라서는 큰 도움이 될 수 있음을 이르는 말

거짓말이 외삼촌보다 낫다.

속담 따라 쓰기

거짓말하고 뺨 맞는 것보다 낫다. 좀 무안하더라도 사실을 사실대로 말해야지 거짓말을 하면 안 된다는 말

거짓말하고 뺨 맞는 것보다 낫다.

걱정도 팔자소관. 항상 남의 일에 참견을 잘하는 사람

걱정도 팔자소관. 걱정도 팔자소관. 걱정도 팔자소관.

걱정이 많으면 빨리 늙는다. 쓸데없는 잔걱정을 하지 말라는 말

걱정이 많으면 빨리 늙는다.

걱정이 반찬이면 상발이 무너진다. 쓸데없이 걱정만 하고 밥도 제대로 먹지 않음을 두고 이르는 말

걱정이 반찬이면 상발이 무너진다.

건너다보니 절터.
미리부터 체념할 때 쓰는 말, 남의 것을 자기 것으로 만들려고 해도 될 수 없다는 말

건너다보니 절터. 건너다보니 절터.

건넛산 돌 쳐다보듯.
자기와는 아무 관계가 없다는 듯이 그저 멍하니 쳐다보며 방관하고 있다는 말

건넛산 돌 쳐다보듯. 건넛산 돌 쳐다보듯.

건넛산 보고 꾸짖기.
본인에게 직접 욕하거나 꾸짖기가 거북할 때 다른 사람을 빗대어 간접적으로 꾸짖어서 당사자가 알게 한다는 말

건넛산 보고 꾸짖기. 건넛산 보고 꾸짖기.

건넛산 쳐다보기.
무슨 일을 할 때 그 일에 열중하지 않고 한눈을 판다는 말

건넛산 쳐다보기. 건넛산 쳐다보기. 건넛산 쳐다보기.

속담 따라 쓰기

건더기 먹은 놈이나 국물 먹은 놈이나.
잘 먹은 사람이나 못 먹은 사람이나 결과적으로 배고파지기는 마찬가지라는 말, 또는 잘산 사람이나 못산 사람이나 결국은 마찬가지라는 말

건더기 먹은 놈이나 국물 먹은 놈이나.

건드리지 않은 벌이 쏠까.
내가 남에게 특별히 해를 끼치지 않는 한 상대방도 나를 못살게 굴지 않는다는 말

건드리지 않은 벌이 쏠까. 건드리지 않은 벌이 쏠까.

건밭에 부룻동.
미끈하게 키가 크고 곧은 것을 비유적으로 이르는 말

건밭에 부룻동. 건밭에 부룻동. 건밭에 부룻동.

걷기도 전에 뛰려고 한다.
제 실력도 돌아보지 않고 무리하게 하는 것

걷기도 전에 뛰려고 한다. 걷기도 전에 뛰려고 한다.

걷는 참새를 보면 그 해에 대과를 한다.
참새가 걷는 것을 보면 등과登科를 한다는 뜻으로, 희귀한 일을 보면 좋은 운수를 만난다는 말

걷는 참새를 보면 그 해에 대과를 한다.

걸레를 씹어 먹었나.   잔소리가 아주 심함을 핀잔하는 말

걸레를 씹어 먹었나.   걸레를 씹어 먹었나.

걸음새 뜬 소가 천 리를 간다.
소는 비록 걸음이 뜨기는 하지만 한결같이 꾸준히 걸어가 마침내는 천 리를 간다는 뜻으로, 꾸준히 인내하면 큰 성과를 낼 수 있음을 비유적으로 이르는 말

걸음새 뜬 소가 천 리를 간다.

검둥개 멱 감기듯.   물건이 검은 것은 아무리 물에 씻어도 깨끗하게 희어질 수 없다는 뜻으로, 어떤 일을 해도 별로 효과가 나타나지 않음을 비유적으로 이르는 말

검둥개 멱 감기듯.   검둥개 멱 감기듯.

속담 따라 쓰기

검은 강아지로 돼지 만든다. 비슷한 것으로 진짜를 가장하여 남을 꾀어 속이려 하는 경우를 비유적으로 이르는 말

검은 강아지로 돼지 만든다.

검은 고양이 눈 감은 듯. 검은 고양이가 눈을 뜨나 감으나 잘 알아보지 못하듯이 어떠한 일에 사리를 분별하기가 매우 어렵다는 말

검은 고양이 눈 감은 듯. 검은 고양이 눈 감은 듯.

검은 머리 파 뿌리 되도록. 검은 머리가 파 뿌리처럼 하얗게 되는 것처럼 아주 오래까지라는 말

검은 머리 파 뿌리 되도록. 검은 머리 파 뿌리 되도록.

겉보리 단 거꾸로 묶은 것 같다.

겉보리를 베서 단을 만들 때 거꾸로 묶어 놓으면 단이 허술해질 뿐만 아니라 풀어지기 쉽다는 뜻으로, 안정감이 없거나 어설프게 된 모양을 비유적으로 이르는 말

겉보리 단 거꾸로 묶은 것 같다.

겉보리 돈 사기가 수양딸로 며느리 삼기보다 쉽다.

겉보리는 식량 사정이 어려운 초여름에 수확하기 때문에 팔아서 돈으로 만들기 쉽다는 뜻으로, 아주 하기 쉬운 일을 비유적으로 이르는 말

겉보리 돈 사기가 수양딸로 며느리 삼기보다 쉽다.

겉보리를 껍질째 먹은들 시앗이야 한집에 살랴.

아무리 고생을 하고 살망정 남편의 첩과 한집에서 살 수는 없음을 비유적으로 이르는 말

겉보리를 껍질째 먹은들 시앗이야 한집에 살랴.

겉보리 서 말만 있으면 처가살이하랴.

여북하면 처가살이를 하겠느냐는 말 또는 처가살이는 할 것이 못 됨을 이르는 말

겉보리 서 말만 있으면 처가살이하랴.

겉보리 술 막치 사람 속인다.

겉보리 술지게미도 많이 먹으면 취하듯이, 겉보기와는 달리 맹랑한 사람을 비유적으로 이르는 말

겉보리 술 막치 사람 속인다.

속담 따라 쓰기

겉 다르고 속 다르다. 겉과 속이 서로 같지 않다는 말은 결국 행동과 말이 전혀 일치하지 않는다는 의미

겉 다르고 속 다르다.   겉 다르고 속 다르다.

겉은 늙어도 속은 새파랗다. 비록 몸은 늙었어도 마음속에 생각하는 것은 한창 젊었을 때와 같다는 말

겉은 늙어도 속은 새파랗다.

겉이 고우면 속도 곱다. 겉보기에 훌륭하면 내용도 그만큼 좋다는 뜻으로, 형식과 내용이 일치함을 이르는 말

겉이 고우면 속도 곱다.   겉이 고우면 속도 곱다.

게걸음 친다. 뒷걸음만 친다는 말로 진보하지 못하고 퇴보만 함을 이르는 말

게걸음 친다. 게걸음 친다. 게걸음 친다. 게걸음 친다.

게 눈 감추듯 한다.
음식을 빨리 먹음을 표현하는 말

게 눈 감추듯 한다.   게 눈 감추듯 한다.

게도 구럭도 다 잃었다.
게는 잡지도 못하고 가지고 갔던 구럭까지 잃었다는 뜻으로, 무슨 일을 하려다가 아무 소득도 얻지 못하고 도리어 손해만 봄을 이르는 말

게도 구럭도 다 잃었다.   게도 구럭도 다 잃었다.

게도 구멍이 크면 죽는다.
분수에 지나치면 도리어 화를 당하게 된다는 말

게도 구멍이 크면 죽는다.   게도 구멍이 크면 죽는다.

게도 제 구멍이 아니면 들어가지 않는다.
남의 영역을 함부로 침범하지 않는다는 말

게도 제 구멍이 아니면 들어가지 않는다.

속담 따라 쓰기

게 등에 소금 치기. 아무리 해도 쓸데없는 짓을 이르는 말

게 등에 소금 치기. 게 등에 소금 치기.

게를 똑바로 기어가게 할 수는 없다. 무엇이나 그 본래의 성질을 아주 뜯어고치지는 못한다는 말

게를 똑바로 기어가게 할 수는 없다.

게으른 놈 짐 많이 지기.
게으른 사람이 일하기 싫어 한 번에 많이 해치우려고 하거나, 능력도 없으면서 일에 대한 욕심이 지나치게 많음을 빈정대어 이르는 말

게으른 놈 짐 많이 지기. 게으른 놈 짐 많이 지기.

게으른 선비 설날에 다락에 올라가서 글 읽는다.
게으른 자가 분주한 지경에 이르러 부지런한 체한다는 말

게으른 선비 설날에 다락에 올라가서 글 읽는다.

겨 물은 개가 똥 물은 개 나무란다.

결점이 있기는 마찬가지이면서, 조금 덜한 사람이 더한 사람을 흉볼 때에 변변하지 못하다고 지적하는 말

겨 물은 개가 똥 물은 개 나무란다.

겨울을 지내보아야 봄 그리운 줄 안다.

사람은 어려운 시련과 고통을 겪어보아야 삶의 참된 보람을 알 수 있게 됨을 이르는 말

겨울을 지내보아야 봄 그리운 줄 안다.

겨울이 다 되어야 솔이 푸른 줄 안다.

푸른 것이 다 없어진 한겨울에야 솔이 푸른 줄 안다는 뜻으로, 위급하거나 어려운 고비를 당해 봐야 비로소 그 사람의 진가를 알 수 있음을 비유적으로 이르는 말

겨울이 다 되어야 솔이 푸른 줄 안다.

겨울이 지나지 않고 봄이 오랴.

세상일에는 다 일정한 순서가 있는 것이니, 급하다고 하여 억지로 할 수는 없음을 이르는 말, 또는 겨울이 지나야 따뜻한 봄이 온다는 뜻으로, 시련과 곤란을 극복하여야 승리와 성과를 얻을 수 있음을 비유적으로 이르는 말

겨울이 지나지 않고 봄이 오랴.

속담 따라 쓰기

겨울 화롯불은 어머니보다 낫다. 추운 겨울에는 따뜻한 것이 제일 좋음을 이르는 말

겨 주고 겨 바꾼다. 쓸데없는 일을 하거나 어리석은 일을 하는 것을 비유적으로 이르는 말

겸손도 지나치면 믿지 못한다. 지나치게 겸손하면 위선으로 변하게 된다는 의미

경 다 읽고 떼어버려야겠다. 이번 일이나 마치고 앞으로는 아주 인연을 끊어야겠다는 말

경상도서 죽 쑤는 놈 전라도 가도 죽 쑨다.

게으르고 가난한 사람은 어디를 가도 그 곤란에서 벗어나기 어렵다는 말

경상도서 죽 쑤는 놈 전라도 가도 죽 쑨다.

경을 팔 다발같이 치다.   호되게 고통을 겪음을 두고 이르는 말

경을 팔 다발같이 치다.   경을 팔 다발같이 치다.

경치고 포도청 간다.

단단히 욕을 보고도 또 포도청에 잡혀가서 벌을 받는다는 뜻으로, 몹시 심한 욕을 당하거나 혹독한 형벌을 받음을 비유적으로 이르는 말

경치고 포도청 간다.   경치고 포도청 간다.

곁가마가 먼저 끓는다.

끓어야 할 원래의 가마솥은 끓지 않고 곁에 있는 가마솥이 끓는다는 뜻으로, 당사자는 가만히 있는데 옆 사람이 오히려 신이 나서 떠들거나 참견하는 경우를 비유적으로 이르는 말

곁가마가 먼저 끓는다.   곁가마가 먼저 끓는다.

속담 따라 쓰기

곁방살이 코 곤다.
남의 집에서 곁방살이를 하는 사람이 코를 곤다는 뜻으로, 제 분수도 모르고 버릇없이 함부로 굴거나 나그네가 오히려 주인 행세를 함을 이르는 말

곁방살이 코 곤다.　　곁방살이 코 곤다.

곁방에서 불난다.
남에게 세를 내준 곁방에서 잘못하여 불이 일어난다는 뜻으로, 평소에 눈에 거슬리던 데서 사고가 생겨 더욱 밉다는 말

곁방에서 불난다. 곁방에서 불난다. 곁방에서 불난다.

곁집 잔치에 낯을 낸다.
제 물건을 쓰지 않고 남의 것을 가지고 생색을 낸다는 말

곁집 잔치에 낯을 낸다.　　곁집 잔치에 낯을 낸다.

계란에도 뼈가 있다.
늘 일이 잘 안 되던 사람이 모처럼 좋은 기회를 만났건만, 그 일마저 역시 잘 안 됨을 이르는 말

계란에도 뼈가 있다.　　계란에도 뼈가 있다.

계집 둘 가진 놈의 창자는 호랑이도 안 먹는다.

본처와 첩을 데리고 사는 사람은 몹시 속이 썩기 때문에 그 창자가 썩어서 호랑이도 안 먹는다는 뜻으로, 처첩을 거느리고 살자면 속이 썩어 편할 날이 없다는 말

계집 때린 날 장모 온다.

자기 아내를 때린 날 장모가 오듯이 일이 공교롭게 잘 안 되며 낭패를 본다는 말

계집 바뀐 건 모르고 젓가락 짝 바뀐 건 안다.

큰 변화는 모르고 지내면서, 소소하게 달라진 것에 대해서는 떠듦을 핀잔하는 말

계집은 남의 것이 곱고 자식은 제 새끼가 곱다.

자식에 대한 부모의 정은 더할 나위가 없음을 이르거나, 남의 여자를 넘겨다보며 자기 아내에 대하여 불만을 가지는 실없는 남자의 마음을 이르는 말

속담 따라 쓰기

계집의 독한 마음 오뉴월에 서리 친다.
여자의 원한과 저주는 오뉴월에 서릿발이 칠 만큼 매섭고 독하다는 말(= 여자가 한을 품으면 오뉴월에도 서리가 내린다.)

계집의 독한 마음 오뉴월에 서리 친다.

계집의 매도 너무 맞으면 아프다.
친한 사이라도 함부로 하면 좋지 않은 일이 생긴다는 뜻으로, 비록 가깝고 친한 사이라도 예의를 잃지 말라는 말

계집의 매도 너무 맞으면 아프다.

계집의 얼굴은 눈의 안경.
여자의 얼굴이 곱고 미운 것은 보는 사람에 따라 다르다는 말

계집의 얼굴은 눈의 안경. 계집의 얼굴은 눈의 안경.

계집이 늙으면 여우가 된다.
여자는 나이를 먹을수록 요망스러워진다는 말

계집이 늙으면 여우가 된다.

계집 입 싼 것.
입이 가볍고 말이 헤픈 여자는 화를 일으키는 일이 많다는 뜻으로, 아무짝에도 쓸데없고 도리어 해롭기만 하다는 말

계집 입 싼 것.   계집 입 싼 것.   계집 입 싼 것.

계 타고 집 판다.
곗돈을 탔다고 마구 쓰다가 나중에는 집까지 팔아먹는다는 뜻으로, 운수가 좋아 이익을 보았으나 잘못하면 그로 말미암아 더 큰 손해를 보게 된다는 말

계 타고 집 판다.   계 타고 집 판다.   계 타고 집 판다.

고기가 물을 얻은 격이다.
굶어 죽게 된 사람이 곡식을 얻어 살아나게 되었다는 말

고기가 물을 얻은 격이다.   고기가 물을 얻은 격이다.

고기는 씹어야 맛이요, 말은 해야 맛이다.
고기의 참맛을 알려면 겉만 핥을 것이 아니라 자꾸 씹어야 하듯이, 하고 싶은 말이나 해야 할 말은 시원히 다 해버려야 좋다는 말

고기는 씹어야 맛이요, 말은 해야 맛이다.

속담 따라 쓰기

고기는 안 익고 꼬챙이만 탄다. 경영하는 일은 잘 안 되고 낭패만 본다는 말

고기는 안 익고 꼬챙이만 탄다.

고기는 안 잡히고 송사리만 잡힌다. 목적하던 바는 얻지 못하고 쓸데없는 것만 얻게 된다는 말

고기는 안 잡히고 송사리만 잡힌다.

고기도 먹어본 사람이 많이 먹는다. 무슨 일이든지 늘 하던 사람이 더 잘한다는 말

고기도 먹어본 사람이 많이 먹는다.

고기도 저 놀던 물이 좋다. 평소에 낯익은 제 고향이나 익숙한 환경이 좋다는 말

고기도 저 놀던 물이 좋다.

고기도 큰물에서 노는 놈이 크다.
물고기도 큰물에서 자라는 놈일수록 더욱 크기 마련이라는 뜻으로, 사람도 좋은 환경에서 교육을 잘 받아야 훌륭한 사람으로 자라날 수 있다는 말

고기도 큰물에서 노는 놈이 크다.

고기 맛본 중.
금지된 쾌락을 뒤늦게 맛보고 재미를 붙인 사람을 비유적으로 이르는 말

고기 맛본 중.   고기 맛본 중.   고기 맛본 중.

고깔 뒤의 군 헝겊.
필요도 없는 것이 늘 붙어 다녀 귀찮게 구는 것을 이르는 말.

고깔 뒤의 군 헝겊.   고깔 뒤의 군 헝겊.

고두리에 놀란 새.
고두리살에 맞은 새처럼, 놀라서 어찌할 바를 모르고 두려워만 하고 있는 것을 이르는 말

고두리에 놀란 새.   고두리에 놀란 새.

속담 따라 쓰기

고드름 초장 같다. 겉보기에는 훌륭한 것 같으나 실지로는 아무 맛도 없는 음식이나 또는 그와 같이 실속이 없는 일을 이르는 말

고드름 초장 같다.   고드름 초장 같다.

고래 싸움에 새우 등 터진다.

강한 자들끼리 싸우는 통에 아무 상관도 없는 약한 자가 중간에 끼어 피해를 입게 됨을 비유적으로 이르는 말

고래 싸움에 새우 등 터진다.

고름이 살 되랴. 이왕 그르친 일은 돌이킬 수 없으니 깨끗이 단념하라는 말

고름이 살 되랴.   고름이 살 되랴.   고름이 살 되랴.

고린 장이 더디 없어진다. 나쁜 것이 빨리 없어지지 않고 도리어 오래 간다는 말

고린 장이 더디 없어진다. 고린 장이 더디 없어진다.

고만이 귀신이 붙었다.
무슨 일이나 항상 고만한 정도에만 머물러 있고, 조금이라도 잘되려고 하다가는 무슨 액운에 걸려 역시 고만한 정도에서 머무르고 만다는 말

고만이 귀신이 붙었다.　　고만이 귀신이 붙었다.

고목 넘어가듯.
체통에 어울리지 아니하게 맥없이 쓰러짐을 비유적으로 이르는 말

고목 넘어가듯.　　고목 넘어가듯.　　고목 넘어가듯.

고목에도 꽃을 피운다.
몸은 늙었어도 계속 나라와 사회의 중요한 사람으로서 값있게 삶을 비유적으로 이르는 말

고목에도 꽃을 피운다.　　고목에도 꽃을 피운다.

고비에 인삼.
고비도 쓴데 더 쓴 인삼이라는 뜻으로, 어려운 일이 공교롭게 계속됨을 비유적으로 이르는 말

고비에 인삼.　　고비에 인삼.　　고비에 인삼.

속담 따라 쓰기

고삐 없는 말. 아무런 구속도 받지 않고 자유스러운 처지라는 말

고삐 없는 말. 고삐 없는 말. 고삐 없는 말.

고삐가 길면 잡힌다. 나쁜 일을 오래 하면 마침내는 남에게 들킨다는 말

고삐가 길면 잡힌다. 고삐가 길면 잡힌다.

고사리는 귀신도 좋아한다.
예로부터 고사리는 제사상을 받으러 온 귀신도 다 좋아해서 제사상에 빼놓지 않고 올려놓았다는 데서, 우리나라 사람 모두가 몹시 즐겨 먹는 음식임을 비유적으로 이르는 말

고사리는 귀신도 좋아한다.

고사리도 꺾을 때 꺾어야 한다. 무슨 일이든 그에 알맞은 시기가 있으니 그때를 놓치지 말고 하라는 말

고사리도 꺾을 때 꺾어야 한다.

고산 강아지 감 꼬챙이 물고 나서듯 한다.

감 고장인 고산의 강아지가 뼈다귀 비슷한 감 꼬챙이만 보고도 물고 나온다는 뜻으로, 살림이 궁한 사람이 평소에 먹고 싶던 것과 비슷한 것만 보아도 좋아함을 이르는 말

고생 끝에 낙이 온다.

어려운 일이나 고된 일을 겪은 뒤에는 반드시 즐겁고 좋은 일이 생긴다는 말

고생을 밥 먹듯 하다.

자꾸만 고생을 하게 됨을 비유적으로 이르는 말

고생을 사서 한다.

잘못 처신한 탓으로 하지 않아도 될 고생을 하게 됨을 이르는 말, 또는 여러 가지 정황을 보고는 자신이 스스로 어려운 일을 맡아서 고생을 한다는 말

속담 따라 쓰기

고슴도치도 살 친구가 있다. 누구에게나 친하게 사귀고 지낼 친구가 있기 마련이라는 말

고슴도치도 살 친구가 있다.

고슴도치도 제 새끼가 함함하다면 좋아한다.
칭찬을 받을 만한 일이 못 되더라도 좋다고 추어주면 누구나 기뻐한다는 말

고슴도치도 제 새끼가 함함하다면 좋아한다.

고슴도치 오이 걸머지듯. 고슴도치가 오이를 따서 등에 진 것 같다는 뜻으로, 빚을 많이 짊어짐을 비유적으로 이르는 말

고슴도치 오이 걸머지듯. 고슴도치 오이 걸머지듯.

고양이가 알 낳을 일이다. 터무니없는 거짓말 같은 일이라는 말

고양이가 알 낳을 일이다. 고양이가 알 낳을 일이다.

고양이 간 골에 쥐 죽은 듯.

고양이 소리만 나도 쥐가 옴짝달싹 못하고 죽은 듯이 조용하다는 데서, 겁이 나거나 놀라서 숨을 죽이고 꼼짝 못하는 모양을 비유적으로 이르는 말

고양이 간 골에 쥐 죽은 듯.

고양이 개 보듯.

사이가 매우 나빠서 서로 으르렁거리며 해칠 기회만 찾는 모양을 비유적으로 이르는 말

고양이 개 보듯.   고양이 개 보듯.   고양이 개 보듯.

고양이 기름 종지 노리듯.

무엇에 눈독을 들여 탐을 내는 모양을 비유적으로 이르는 말

고양이 기름 종지 노리듯. 고양이 기름 종지 노리듯.

고양이 달걀 굴리듯.

무슨 일을 재치 있게 잘하거나 또는 공 같은 것을 재간 있게 놀림을 이르는 말

고양이 달걀 굴리듯.   고양이 달걀 굴리듯.

속담 따라 쓰기

고양이 덕은 알고 며느리 덕은 알지 못한다.
고양이가 쥐를 잡아서 이익을 준다는 것은 알면서도, 며느리가 자식을 낳고 집안일을 하는 것은 조금도 고맙게 여기지 않는다는 말

고양이 목에 방울 달기.
실행하기 어려운 것을 공연히 의논함을 이르는 말

고양이 세수하듯.
세수를 하되 콧등에 물만 묻히는 정도로 하나마나하게 함을 이르는 말, 또는 남이 하는 것을 흉내만 내고 그침을 이르는 말

고양이 앞에 쥐.
두려워서 옴짝 못함을 두고 이르는 말

고양이 쥐 생각.
마음속으로는 전혀 생각지도 않으면서 겉으로만 누구를 위하여 생각해 주는 척할 때 쓰는 말

고양이 쥐 생각. 고양이 쥐 생각. 고양이 쥐 생각.

고양이는 발톱을 감춘다.
재주 있는 사람은 그 능력을 깊이 감추고 드러내지 않는다는 말

고양이는 발톱을 감춘다. 고양이는 발톱을 감춘다.

고양이에게 반찬 달란다.
고기반찬이라면 사족을 못 쓰는 고양이에게 반찬을 달라고 한다는 뜻으로, 상대편에게 절실하게 필요한 것을 달라고 함을 비유적으로 이르는 말

고양이에게 반찬 달란다. 고양이에게 반찬 달란다.

고양이 우산 쓴 격.
격에 어울리지 않는 꼴불견을 비유적으로 이르는 말

고양이 우산 쓴 격. 고양이 우산 쓴 격.

속담 따라 쓰기

고와도 내 님이요 미워도 내 님. 좋으나 나쁘나 한 번 정을 맺은 다음에야 말할 것이 없다는 말

고와도 내 님이요 미워도 내 님.

고욤 맛 알아 감 먹는다. 비슷한 일에 대한 경험을 통해서 어떤 일을 하게 됨을 이르는 말

고욤 맛 알아 감 먹는다.   고욤 맛 알아 감 먹는다.

고욤이 감보다 달다. 작은 것이 큰 것보다 오히려 알차고 질이 좋을 때 이르는 말

고욤이 감보다 달다.   고욤이 감보다 달다.

고운 사람 미운 데 없고, 미운 사람 고운 데 없다.

한 번 좋게 보면 그 사람이 하는 일은 다 좋게만 보이고 한 번 나쁘게 보면 무엇이나 다 밉게만 보인다는 말

고운 사람 미운 데 없고, 미운 사람 고운 데 없다.

고운 일 하면 고운 밥 먹는다.
남을 위하여 좋은 일을 하면 그에 따른 좋은 대가와 대접을 받게 되고 모진 일을 하면 나쁜 대가를 받게 된다는 뜻으로, 모든 일이 자기의 할 탓에 달려 있음을 비유적으로 이르는 말

고운 일 하면 고운 밥 먹는다.

고운 정 미운 정.
오래 사귀는 동안에 서로 뜻이 맞기도 하고 맞지 아니하기도 하였으나 그런저런 고비를 모두 잘 넘기고 깊이 든 정을 비유적으로 이르는 말

고운 정 미운 정. 고운 정 미운 정. 고운 정 미운 정.

고운 털이 박히다.
곱게 여길 만한 남다른 점이 있다는 말

고운 털이 박히다.   고운 털이 박히다.

고자리 먹고 자란 호박 꼴.
주글주글하고 뒤틀려 있는 모양을 이르는 말

고자리 먹고 자란 호박 꼴. 고자리 먹고 자란 호박 꼴.

부록

생활에 필요한 각종 서식

1. 원고지 사용법

- 첫째 줄의 둘째 칸부터 글의 종류를 쓴다.
   (예 : <수필>, <소설>, <시>, <독서 감상문> 등)
- 글의 종류 바로 아랫줄 가운데에 제목을 쓰고 그 밑의 줄에 소제목을 쓴다.
- 학교, 소속, 이름 등은 제목을 쓴 다음 한 줄을 띄우고 쓴다. 보통 오른쪽에서 두 칸 정도를 비우고 쓴다.
- 본문을 쓸 때는 이름 밑에 한 줄을 비우고 첫 칸을 비우고 쓴다.
- 문단이 시작될 때는 항상 첫 칸을 비우고 쓴다. 또한 문단이 바뀔 때는 줄을 바꾸어 쓴다.
- 대화나 인용문 등을 쓸 때는 줄을 새로 바꿔주고, 한 칸을 비우고 쓴다. 대화가 끝날 때까지 첫 칸은 모두 비워준다. 다만 대화나 인용문 다음에 '~할, ~라고, ~등의'와 같은 이어받는 말이 올 경우에는 다음 줄 첫 칸부터 쓴다.
- 문장부호는 한 칸에 하나씩 쓴다. 한글의 경우 한 칸에 한 자를 쓰고, 아라비아 숫자의 경우 한 칸에 두 자, 영어의 경우 대문자는 한 칸에 한 자, 소문자는 한 칸에 두 자를 쓴다.
- 마침표(.), 쉼표(,) 다음에는 한 칸을 비우지 않고, 느낌표(!), 물음표(?) 다음에는 한 칸을 비우고 쓴다.
- 원고지의 첫 칸에는 문장부호를 쓰지 않는다. 만약 윗줄에서 문장이 끝나고 아랫줄로 문장부호가 넘어올 경우에는 윗줄의 마지막 글자와 함께 문장부호를 쓴다.(윗줄 마지막 한 칸에 글자와 문장부호를 같이 쓴다.)

✻ 알아두기 ✻

문장 부호의 쓰임

- **마침표**(.) : 문장을 끝마칠 때 사용한다.
   (예 : 저는 ○○○입니다.)

- **느낌표(!)** : 감탄을 나타내거나 누군가를 부르는 말 다음에 사용한다.
  (예 : 대단하구나!, 영수야!)
- **물음표(?)** : 의문을 나타내는 말 다음에 사용한다.
  (예 : 그것이 정말입니까?)
- **쉼표(,)** : 긴 문장을 끊어주거나 비슷한 자격의 단어가 나열될 때 사용한다.
  (예 : 나는 어제 학교에 다녀와서 씻고, 밥을 먹고, 숙제를 하였다.)
- **따옴표(" ", ' ')** : 큰따옴표(" ")는 대화나 인용문에 사용하고, 작은따옴표(' ')는 마음속에 있는 생각을 나타내거나 특별히 강조하는 단어나 구절에 사용한다.
  (예 : "너, 지금 뭐하고 있니?", '내가 정말 잘못한 것일까?')
- **쌍점(:)** : 내포되는 단어를 나열할 때 쓴다.
  (예 : 문장부호 : 마침표, 쉼표, 따옴표)
- **가운뎃점(·)** : 동등한 자격을 가진 단어들을 나열할 때 사용한다.
  (예 : 나는 어제 사과·배·복숭아를 샀다.)

원고지 사용 예

			＜	독	서		감	상	문	＞									
						'	강	아	지	똥	'	을		읽	고				
												○	○	초	등	학	교		
										○		학	년			○		반	
														○	○	○			
	길	을		가	다		보	면		강	아	지	똥	을		쉽	게		볼
수		있	다	.		평	소	에	는		더	럽	게	만		느	껴	졌	는
데		이		책	을		읽	고		나	니		강	아	지	똥	에		대

2. 일상생활의 경조문

- 결혼식
  賀儀(하의), 祝 聖婚(축 성혼), 祝 華婚(축 화혼), 祝 盛典(축 성전)

- 회갑연
  壽儀(수의), 祝 壽宴(축 수연), 祝 喜宴(축 희연), 祝 回甲(축 회갑)

- 축하祝賀
  祝 榮轉(축 영전), 祝 發展(축 발전), 祝 合格(축 합격), 祝 當選(축 당선)

- 사례謝禮
  菲品(비품), 薄謝(박사), 略禮(약례), 薄禮(박례)

- 대소상大小祥
  菲意(비의), 香奠(향전), 奠儀(전의), 薄儀(박의)

- 상가喪家
  弔意(조의), 賻儀(부의), 謹弔(근조), 奠儀(전의)

- 하수賀壽

48세 : 상수桑壽	61세 : 환갑還甲, 화갑華甲, 회갑回甲
70세 : 고희古稀	77세 : 희수喜壽
80세 : 산수傘壽	88세 : 미수米壽
90세 : 졸수卒壽	99세 : 백수白壽
100세 : 상수上壽	

3. 연령의 다른 말

- 15세 : 지학志學 – 학문에 뜻을 둠
- 20세 : 약관弱冠 – 남자가 스무 살에 관례冠禮를 한다는 데서, 남자의 스무 살 된 때를 일컫는 말
- 30세 : 이립而立 – 30살쯤에 가정과 사회에 모든 기반을 닦는다는 나이
- 40세 : 불혹不惑 – 미혹迷惑하지 않는다는 뜻으로, 나이 마흔을 일컫는 말
- 50세 : 지천명知天命 – 50세에 드디어 천명天命을 알게 된다는 나이
- 60세 : 이순耳順 – 공자가 60세가 되어 천지 만물의 이치에 통달하고, 듣는 대로 모두 이해하게 된 데서 온 말로 예순을 일컬음
- 70세 : 고래희古來稀 – 사람이 일흔 살까지 살기란 예로부터 드문 일이라는 말
- 70세 : 종심從心 – 뜻대로 행하여도 도에 어긋나지 않는 나이
- 77세 : 희수喜壽 – 희喜의 초서체가 칠七이 세 번 겹쳤다고 해석함
- 80세 : 산수傘壽 – 산傘 자를 팔八과 십十의 파자破字로 해석함
- 88세 : 미수米壽 – 미米 자를 팔八과 십十과 팔八의 파자로 해석함
- 90세 : 졸수卒壽 – 졸卒 자의 약자를 구九와 십十의 파자로 해석함
- 91세 : 망백望百 – 91세가 되면 100세를 바라본다 하여 망백이라 함
- 99세 : 백수白壽 – 일백 백百에서 한 일一을 빼면 흰 백白 자가 됨
- 100세 : 상수上壽 – 사람의 수명을 상중하로 나눌 때 최상의 수명이라는 뜻
- 천수天壽 – 병 없이 늙어서 죽음을 맞이하면 하늘이 내려준 나이를 다 살았다는 뜻

4. 각종 양식

• 청첩장

> 모시는 글
>
> 서로가 마주보면서 그동안 다져온 사랑을
> 이제는 한 곳을 함께 바라보며 걸어갈 수 있는
> 큰 사랑으로 키우고자 합니다.
> 저희 두 사람이 사랑의 이름으로 지켜나갈 수 있게
> 바쁘시겠지만 오셔서 앞날을 축복해 주시면 감사하겠습니다.
>
> ○○○ 씨 장남 ○○ 군
> ○○○ 씨 차녀 ○○ 양
>
> ▶ 장 소 : ○○ 예식장
> ▶ 일 시 : ○○○○년 ○월 ○일(음력 ○월 ○일)

• 성혼 선언문

> 이제 신랑 ○○○ 군과 신부 ○○○ 양은 그 일가친척과 친지를 모신 자리에서 일생 동안 고락을 함께할 부부가 되기를 굳게 맹세했습니다. 이에 주례는 이 혼인이 원만하게 이루어진 것을 여러 증인 앞에 엄숙하게 선포합니다.
>
> ○○○○년 ○월 ○일
> 주례 ○○○

• 부고장

OO의 아버님 OOO께서 노환으로 O월 O일 O시에 별세하셔서 다음과 같이 장례를 모시게 되었기에 이에 아뢰옵니다.

- 영결식 일시 : O월 O일 O 오전 O시
- 영결식장 : OOOO
- 장지 : OOOO
  OOOO년 O월 O일

호상 OOO 아룀

OOO 귀하